人际舒适心理学

なぜあなたばかりつ
らい目にあうのか？

如何摆脱人际交往中的受伤感

［日］加藤谛三　著

苏昊明　译

广西科学技术出版社

著作权合同登记号　桂图登字：20-2020-162号

NAZE ANATA BAKARI TSURAIME NI AU NOKA?
by Taizo KATO
Copyright © 2019 Taizo KATO
All rights reserved.
Original Japanese edition published by Asahi Shimbun Publications Inc., Japan
Chinese translation rights in simple characters arranged with Asahi Shimbun
Publications Inc., Japan through Bardon-Chinese Media Agency, Taipei.

图书在版编目（CIP）数据

人际舒适心理学：如何摆脱人际交往中的受伤感 /（日）加藤谛三著；
苏昊明译. —南宁：广西科学技术出版社，2021.12
ISBN 978-7-5551-1680-6

Ⅰ.①人… Ⅱ.①加… ②苏… Ⅲ.①心理交往－社会心理学－通俗读物
Ⅳ.①C912.11-49

中国版本图书馆CIP数据核字（2021）第206818号

RENJI SHUSHI XINLIXUE: RUHE BAITUO RENJI JIAOWANG
ZHONG DE SHOUSHANG GAN

人际舒适心理学：如何摆脱人际交往中的受伤感

[日]加藤谛三　著　　　苏昊明　译

策划编辑：冯 兰	责任编辑：蒋 伟 冯 兰
助理编辑：王永杰	责任审读：张桂宜
装帧设计：古涧千溪	责任校对：张思雯
版权编辑：尹维娜	责任印制：高定军
营销编辑：芦 岩 曹红宝	封面插图：王 晗

出 版 人：卢培钊　　　　　　　　　　出版发行：广西科学技术出版社
社　　　址：广西南宁市东葛路66号　　邮政编码：530023
电　　　话：010-58263266-804（北京）　0771-5845660（南宁）
传　　　真：0771-5878485（南宁）
网　　　址：http://www.ygxm.cn　　　　在线阅读：http://www.ygxm.cn

经　　　销：全国各地新华书店
印　　　刷：北京中科印刷有限公司　　邮政编码：101118
地　　　址：北京市通州区宋庄工业区1号楼101号
开　　　本：880mm×1240mm　1/32
字　　　数：139千字　　　　　　　　印　张：7.5
版　　　次：2021年12月第1版　　　　印　次：2021年12月第1次印刷
书　　　号：ISBN 978-7-5551-1680-6
定　　　价：48.00元

人因为心态不同，或将变得痛苦，或将变得快乐。话虽如此，可心态并不能任由个体自由切换。

痛苦就是痛苦，快乐就是快乐。从小经历过很多快乐的人和在痛苦经历中成长起来的人，大脑中形成的神经回路是不同的。也正是因为如此，心态不是可以随意改变的。

这个世界上，在成长的过程中，有一直被鼓励的幸运儿，也有被不断否定的可怜人。这两种人的命运截然不同，但是也不能简单地归结于"都是命"。因为有些人即便人生价值被否定，不断接收到消极的信息，也有让自己幸福的活法。

如果让鸟儿像鼹鼠一样生活，那么鸟儿就会变得不安。不安是生活方式出现问题的红色警示灯。

人们在做一些不适合自己的事情时，一定会感到不安。如果能够注意到这一点，就一定能找到让自己幸福的活法。

一些有神经症倾向的人和容易烦恼的人，生活中普遍存在一些问题，如不懂得人际关系中的距离感，无法了解对方，不清楚自己的立场，等等。其实这些问题归根结底在于"不了解自己"。

了解自己，就了解自己所做的事情，这样眼前的路自然就开阔起来。如澳大利亚精神科医生贝兰·沃尔夫所言，让你烦恼的并不是昨天才发生的事情，今天的烦恼是过往所做事情的结果。如果清楚自己过往所做的事，那么就能够知道自己今后要做的事，这样眼前的路也就自然地开阔起来。

总体来说，不断感知到烦恼的人是无法适应人际交往的人，也是无法自然地与他人进行沟通的人。

因为无法自然地与他人进行沟通，所以不能树立适当的目标，以致让过往所做的努力成为徒劳的付出。

总有一些人付出努力却得不到回报，那是因为这些人的努力脱离了与他人的联系。

有些人总是固执地认为"我没错"，并且埋怨别人，抱怨道："为什么受伤的总是我？"这样的话语透露出，这个人的世界在变得越来越狭隘。

这是一本献给有上述情况的人的书，希望他们能够发现最好的自己，开发自身潜在的能力。希望这本书能够成为一本为他们开拓新世界的书。

为何你总是因为人际关系感到愤怒？如果能够弄清楚原因，那么你的人际关系网也会随之发生改变。

为什么你总为"没有人理解我"而烦恼？那是因为你不了解你自己，心理医学上有所谓的"没有人理解我"症候群。

因为你总在跟自己较劲，所以身体就会出现问题。因为不了解自己，导致无法与他人顺利沟通，以及将人生想象得过于简单。

因此，只要你还生活在社会中，由人际关系引发的麻烦就会源源不断地出现。所以你经常会有此感慨："为什么受伤的总是我？"

无法顺利地与他人沟通的人，努力得到的成果永远大打折扣。长此以往，这类人的内心会变得狭隘，而"内心狭隘的人很容易向困难低头"。[①]

一直认为"受伤的总是我"的人，一般来说会有很多诉求。比如，对自己周围的人要求很多，被动型愿望也十分强烈。

被动型愿望简单来说，就是"依赖"。依赖别人，当别人

---

① 出自《如何消除内心的烦恼》（*How to Worry Successfully*），大卫·西伯里（David Seabury）著。

达不到他们的预期时，他们就会感到不满。他们会不停地抱怨父母、爱人没有为自己做这个，老师、朋友没有为自己做那个。

这种依赖他人的诉求会转而成为被害意识显现出来。随之，因为这种被害意识而不断烦恼的人就会一直觉得"对方根本没有把我当回事""这个人一点也不理解我""大家合起伙来欺负我""就我吃亏"。

认为"我没错""受伤的总是我"的人总是在不停地抱怨周围的人多么过分，并且他们总认为只有自己是受害者，只有自己是正人君子。

他们通过扮演牺牲者的角色来保护自己已经受伤的自尊。同时，正是因为他们不断地试图用这种牺牲者的角色来治疗心中的伤痛，以致到最后反而把自己送进了死胡同。

这种"被逼到绝路"的感觉会引发憎恨的情感。① 无力感往往与憎恨关联甚深。

当你感到"没有办法改变现状"的时候，憎恨的情感就会被无限放大。当你不停地抱怨"受伤的总是我"的时候，就是在向周围的某个人表达你内心的憎恨。

_____

① 出自《仇恨的本质》（*Why We Hate*），小拉什·W. 多兹尔（Rush W. Dozier, Jr.）著。

尽管人生充满了各种各样的机会，但是这种憎恨的情感会让你失去它们。所以，当你不停地强调"我没错""受伤的总是我"的时候，你身上的魅力和潜在的能力也在不断地流失。

目录 Contents

第一章

不会沟通产生的痛苦

了解自己的心声

　　与人沟通的第一步，就是先倾听自己内心的声音，再去聆听别人所说的话。

　　聆听他人的心声就是柔和地打开自己的内心。患上神经症的人，内心已经僵硬，无法聆听对方所讲的事情。

　　内心柔和意味着有自我实现的姿态。只有把生活过得有意义的人内心才是柔和的。如果是具有攻击性的人，特别是那些试图从别人那里获得利益的人，他们是无法安静聆听的。怀有敌意地聆听他人的心声，是无法让别人打开话匣子的。

　　沟通能力强的人很少对他人怀有敌意。因为在自恋心理被消化的同时，依赖心理也被消除了。

"聆听"听起来很简单，但实际上做好却非常困难。就比如，总有一些母亲以母爱为名将自己的意志强加于孩子，认为自己的做法就是对孩子最好的爱的方式，不去聆听孩子内心真实的想法。

她们将孩子裹挟进自己的想法中，不去承认孩子的个性。不过这样的母亲仍然认为自己已经聆听过孩子的想法了。

在与人交往的过程中，重要的是理解对方的言语所要表达的含义。

当别人对你说"请表达一下你的意见"时，你照做了，但可能反而会受到一些人的指责："你怎么总是抱怨呢？"这是**因为很多人在听对方讲话的时候，会夹杂自己内心的不安和矛盾。而这些人还认为自己在聆听他人讲话，认为自己的内心是面向周围的世界敞开着的。**

没有亲密朋友的人一般都没有学会正确聆听他人的话，但在交往中做到这一点是非常重要的。

能够聆听别人的话，前提条件是自己有健康的心理，也就是说，自己的内心没有不安与敌意，也没有虚荣与攀比。只要内心产生虚荣与攀比，就很难正确聆听对方的话以及理解对方要传达的意思。

总而言之，了解自己是与他人交往的先决条件。知道自己的需求是什么，才能知道对方的需求是什么。

　　同样，当知道自己为什么有这样的需求时，你也就能理解为什么对方有这样的需求。

　　如果连自己有什么需求都不知道的话，又何谈理解对方的需求呢？

与感觉舒服的人沟通

是否能够与人顺利沟通也与交往的人相关。不要因为没法与某个人顺利沟通而对自己丧失信心，也不要感慨自己的沟通能力不够，对自己产生怀疑。

一个人的气量不是一成不变的，而是根据和对方的关系变化而发生变化的。

与一个沟通高手交往的时候，即便是一个不善沟通的人，内心也会觉得敞亮。也就是说，你们能够做到相互理解。但当交往对象的气量很小时，你与他沟通时，相互理解的程度也就停留在较浅的层次。

被称为沟通高手的人往往是那些让人觉得愿意和他交谈的人，和这样的人相处会让人感到非常放松。

如果对自己的交往能力没有自信的话，可以找一个沟通高手，和他相处。这是再好不过的办法。与这样的人相处，你的气量也会越来越大。想要提高自己的交际能力，就找一个能够让自己放松的人相处。和这样的人在一起，你会"福至心灵"地发现真实的自己。

你想要躲避的人是让你不由自主地武装自己的人。

让你内心武装起来的人，大体就是那些爱对人评头论足的人。因为你畏惧被人说三道四，所以就会不自觉地将自己武装起来。

有一些人让你产生提防心理，也有一些人让你不由自主地放松自己。

想象一下当你的讲话被录音的时候，你讲话的神情和心理是什么样的。那个状态下的你一定是有心理防范的。那是一种你虽然在讲话，但是却无法达到有效交流的心理状态。

当你进入树林的时候，你会觉得心情愉悦，但是你不会意识到单独一棵树的存在，你会觉得"树林里好舒服"，这就是你和树木在进行交流。

如果你想要提升交际能力，那么你需要的是找到一个值得信任的人。你会和这个人进行轻松的沟通，通过这个过程发掘一个意想不到的自己，接纳新发现的自己。

发现不一样的自己并不是坏事，有时你会发现让自己欣喜的一面。就像当别人指出"你太吵了"的时候，你会注意到自己开朗的性格。

但是即便是原本性格就开朗的人，如果总是被一个猜忌心和嫉妒心都很强的人控制的话，他的这种性格在成长过程中也有很大可能会逐渐丧失。

怎样找到值得信任的人

刚刚我提到了需要"找到一个值得信任的人",话虽如此,可是要找到一个值得信任的人并非易事。

不能做到信任别人的人也同样不信任自己。如果你没有值得信任的朋友,那么你首先要让自己成为值得别人信任的人,这样你就会更容易遇到值得自己信任的人。

利用别人的人同样也不信任自己,所以哪怕仅仅停止迎合别人,你的世界也会发生变化。

能够信任别人的人首先是信任自己的人。骗人的人不会信任他人,本质上也不信任自己。

让你意识到自己没能意识到的问题的人,是内心温柔的人。让你的交际能力由弱到强得到提升的人,一定是一个包容你的人。所以在这样的人面前，你不需要严阵以待。

企业经营者如饥似渴地寻找有为的人才，这类人其实并不难找。比起这个，更难的是找到一个不需要自己时刻严阵以待、可以轻松交往的人。没有比能让你意识到"真实的自己"的人更珍贵的了。

比起认识权贵，认识一个这样的人才更能证明你的实力。他可以理解你的一言一行，让你的内心更加宽阔；接纳你的一言一行，让你感知更真实的自己。

获得理解能够让人发生改变，获得成长。比如，戴着惹眼的耳钉的男青年，其实在向他人表达"我在这里哟"。可是并没有人注意到，所以他会闹别扭、有情绪。

这正是因为周围的人并没有理解他。如果这个时候有一个人能够理解他，他就能够发现自己在无意识中的诉求，发现那个拼命想得到别人认可的自己。

了解自己的人会变得更加坦率。对自己更加坦率后，努力和回报的比值会变得平衡。

不了解自己就无法了解别人

对沟通没有信心的人容易交错恋人和朋友，因为他们往往选择一些能够拿出来向别人炫耀的人作为恋人或朋友。

意识不到自己在与有问题的人交往的人，大多也是没有意识到自身问题的人。两个这样的人的交谈完全不能称为沟通。仅仅是来言去语，两个人却互不了解。

不了解自己的人也无法了解别人，看不到自己的人其实也看不到别人。一个人要先了解自己，才能了解对方。

总有人感慨"没有人理解我"，和自己不了解的人打交道，又怎么能期待别人去理解你呢！希望别人理解自己的话，那就只能和自己了解的人交往。感慨"没有人理解我"的人多数是一些不了解自己的人。

有一些男性意识不到自己对母爱的渴望。这样的男性喜欢上某个女性，这个女性也在渴望男性的爱，两个人就这样恋爱了。但是因为双方寻求的东西并不一致，所以沟通很容易出现问题。时间一久，双方就都会感到焦躁，随之就会觉得"他（她）根本不理解我"。

无法接受真正的自己的人也无法接受他人，无法认可真正的自己的人其实也不会被他人认可。也就是说，严重自卑的人之间是无法交流的。因为彼此都想要彰显自身的存在，所以无视对方的需求，达不到有效的沟通。

孩子无法和以恩人自居的父母交流。因为父母想要孩子感恩，孩子希望父母给予爱。

在发生严重的矛盾时，我们其实需要考虑的是自己不理解对方哪里，对方没有理解自己的哪部分。矛盾的发生往往是因为互相忽视。

贝兰·沃尔夫认为，人往往会对对方无意识的行为产生反应，很多人在人际交往中产生的不满往往就是由此导致的。

从我们自身分析，有一个我们"自以为的自己"，我们能意识到这样的自己，但别人并不对我们"自以为的自己"产生反应，而总是对那个我们"看不到的自己""意识不到的自己"

产生反应。总是感慨"没有人理解我"的人，无法获得别人对他"自以为的自己"的反应时，往往会十分懊恼。

我们的想法是，如果我们是"自以为的自己"的话，人们应该更同情我们。但实际上，人们往往对我们"看不到的自己"做出反应，所以不会像我们期待的那样认同我们，也不会安慰我们"太不容易了，好厉害"。

"为人"即是"为己"

为了得到对方的感谢而为对方做了些什么，实际却并没有获得所期待的反应时，就难免会怨恨对方"我为你做了这么多，你怎么这种态度"。

怀恨之人不能理解自己为别人做这件事情时的自我动机。这种动机并不是为了对方，而是为了自己能够得到感谢。这种动机来源于自身的无力感和自卑感。

如果你在为对方做一些事情的同时，清楚自己是为了得到感谢而做，那么即便对方没有回馈你期待的反应，你也不会怨恨对方。

如果现在的你憎恨你周围所有的人的话，那么你应该反省一下自己"我是否身处于一个错误的位置"。

不要试图把鳟鱼变成鲸鱼

把鳟鱼放进大海，那么它一定活得很痛苦。处在鳟鱼的视角看，一切都是令人不愉快的。

但是，"我这样做是为了对方"这样的想法也并非完全是错误的。成为这样执着于自我的人，是有一定原因的。

如果鳟鱼父母不教给孩子"鳟鱼有很多优点"，而是想努力把他变成鲸鱼，这样的努力注定会失败，孩子也会很痛苦。

如果孩子是鳟鱼，就不要试图把他改造成鲸鱼，最重要的在于教给孩子"鳟鱼有很多优点"。这样的话，鳟鱼就不会想要进入鲸鱼的世界。

今天，很多人像大海里的鳟鱼一样处在错误位置，就是因为在小的时候没有人告诉过他们"鳟鱼有很多优点"。

得抑郁症有多种原因。抑郁症患者会问自己"有没有人曾经真正考虑过我的幸福"，他们能得到想要的答案吗？至少在他们 20 岁之前，似乎没有人认真地从他们的角度出发，考虑过他们的幸福。

他们一定也被期待过，但是这种期待是从期待者的视角出发的。一直以来，他们总是被期待成为并不是他们的人。有的时候，那些期待甚至超出了实际。

然后，那个并不是"真正的自己"的他们不断成长，也不断痛苦着。而那个对他们抱有超出实际的期待的人，完全没有考虑过他们的幸福，所以才无视他们的实际情况。而且，那个抱有期待的人并不爱被期待的人，因为如果爱的话，一定会考虑他们的实际情况。

真正喜欢孩子的人一定会知道孩子想要什么。

被予以超高期待的人，不但不被抱有期待的人喜爱，而且还被对方忽视了"实际的自己"。即便如此，他们还要为了满足对方的期待，拼命地把自己变成一个不是自己的人。

在你为了满足对方的期待，拼命地想要变成一个不是自己的人，而做着无用功的时候，你就会越来越厌恶自己，没办法再尊重自己。

无法爱自己的人是无法相信别人的爱的。[①] 因为他们无法相信自己被爱着，所以就不断想要得到别人爱着自己的证据，勉强自己扮演一个被别人爱的人。这样做就是因为想要相信自己是被爱着的。

---

① 出自《神经症与人的成长》(*Neurosis and Human Growth*)，卡伦·霍妮(Karen Horney)著。

承认自己的孤独

为了满足对方的期待而勉强自己成为别人，当自己并没有获得对方的认可而感到不甘心时，情况就会越来越糟糕。

狡猾的人会向那些心有不甘的人做出他所期待的反应。这类人既了解自己，同时也能看透别人。

狡猾的人试图操控对方。因为和对方并没有深入接触，内心没有有效沟通，所以对于狡猾的人而言，对方并不是一个人，而是一个工具。

有些人能够看清憎恨的对象，有些人怀恨在心却并不知道该恨谁。

狡猾的人能够看清自己的对手，就像骗子能看清自己要欺骗的对象一样，他们能够一眼看出"这个人很孤独"。

保健品推销员能够欺骗那些老人，就是因为他们能够巧妙地满足老人们某方面的期待。他们总是如期地来到老人们家里，狡猾的他们会变成老人们眼里的"好人"。

这类狡猾的人有很多种办法抓住你的心，然后乘虚而入。当他们判断出你很孤独时，你就会被利用。你的孤独能够被他们发现，也容易被找寻猎物的其他人发现。

在人际交往中经常遇到麻烦而不断受伤的人，首先应该承认自己的孤独。

孤独的人在不断地放纵着自己时，其实应当明白，世上没有人能够在你孤独的时候真正成为你的伙伴。当你承认这一点时，你内心中没有意识到的问题就会不断减少，随之，你的沟通能力也会相应地得到提升。

患社交恐惧症的人会觉得自己本来是一只老鼠，为什么要面对一头狮子，因此会特别恐惧对方。骗子就会瞄准这样的人。

明明知道对方是一只老鼠，狡猾的人却还要恭维他"你是一头强大的狮子呀"。他们会说一些对方想听的话，被恭维的人就会败给内心的虚荣。狡猾的人按照你的期待做出行动，这就像是在为你提供毒品。

其实，即便对面是一头狮子，只要自己明白自己是一只老鼠，就能够看清楚对方的诡计，也就不会上当。所以，只要了解自己就好。

不断遇到大麻烦的人都是一些看不清自己的人，也就是说，他们是没有意识到自己有严重问题的人。

不光不了解自己，还看不清对方的人，就是总被欺骗的人。这样的人只要听到对方说"你好了不起呀"，就会对对方放松警惕。

《论语》有云："巧言令色，鲜矣仁。"**无视真实的对方而巧言令色，满嘴说着对方喜欢听的话的人，实际上是没有仁义道德的人。**

不要被别人卸磨杀驴

　　即便了解自己，当你看不透对方的内心时，通往对方内心的道路也是关闭的。

　　有些人是"合时宜"的人，但那只不过是"对于对方而言，现在你是合时宜的"而已，时过境迁，就可能变得"不合时宜"。也就是说，"合时宜"的人对对方来说不过是一次性有用的人。

　　狡猾的人是不会重视对自己来说"合时宜"的人的，因为他们只是想要利用一下这类人。对于狡猾的人来说，"合时宜"的人不过是可以帮助自己不劳而获的工具而已。

　　有个人在买房子的时候，看到房产中介翻脸的样子着实吓了一大跳。房产中介本来一直态度谦卑，努力满足你所有需求，可是你却要买他推荐给你的房子旁边的房子。这个时候，你对于房产中介来讲就由"合时宜"的人变成了"不合时宜"的人。

这个人不敢相信自己的眼睛和耳朵，只能呆呆地看着房产中介。

在日常生活中遇到的很多事基本上都和这样的事类似。再赘述一遍，看不透狡猾的人的内心，就无法看透他们的巧言令色实则没有仁义道德。

洞穴里有很多栗子，狡猾的人想得到这些栗子。这时刚好他附近有松鼠、獾、熊、老鼠和大蛇，松鼠无疑是"去把栗子取出来"的最佳选择。这个时候喜欢哪个动物都无所谓，能够利用的动物才是符合狡猾之人的利益选项的。

"合时宜"的人对于对方来说，不过是现在合时宜，事情一过就会变成"不合时宜"的人，那么就会被卸磨杀驴。

能让自己坐享其成的那个人就是"合时宜"的人，但并非值得尊敬的人。被利用的人在被利用的时候总是错以为"自己被另眼相看"，但实际上并不了解对方和自己内心深处潜伏的真相。

某个人在很多场合都有利用价值，如果有利用价值，即便狡猾的人当时对这个人不满也会忍耐。对于合自己时宜的人，狡猾的人可能偶尔会觉得感谢，但那并不是喜欢，心中也并不会敬重。

被狡猾的人一直恭维的人，如果失去了被利用的价值，那么也只能得到一句"拜拜"。这个时候他们可能会怨恨"受伤的总是我"，可是大部分人不会认为导致这个结果的根源在于自己。

如果你不能承认发生在你身边的各种麻烦事的起因其实在你自己身上的话，那么到死你都只能是一个"合时宜"的人。临终，当你感慨"我自己的人生到底算什么，如此拼命，为的却是如此卑鄙的一个人"的时候，早就晚了。

美国精神科医生、抑郁症认知疗法的创始人阿伦·T.贝克（Aaron T.Beck）通过研究表明，抑郁症患者虽然认为自身存在问题，但是更期待别人替他们解决这些问题。**总是执着于"我没错""受伤的总是我"这种被害意识的话，一辈子也不会收获幸福。**

阿伦·T.贝克将抑郁症患者的动机特点归纳为不断膨胀的依存性。

知道自己朝着哪个方向前进

如果自卑感或不想被别人讨厌的想法过于强烈，那么就无法与他人沟通。

无法沟通，不论是因为想要争面子，还是总不自觉地与人攀比，这样的人都无法接受现实的自己，不承认现实的自己，看不到现实的自己，以致自身的事情让自己应接不暇，失去了内心的从容，从而无法看到对方。内心产生对看不到的对手的恐惧，这种恐惧进而演变成被害意识。

如果两个人都无法接受现实的自己，那么就无法相互接触，更谈不上沟通。

总而言之，为了实现和别人的有效沟通，就必须要先了解自己，发现自己真实的情感。能够和自己沟通的人才能了解别人。

这可能又回到了"先有蛋，还是先有鸡"的问题，但是不变的道理是：能够和别人沟通的人才知道自己应该朝着哪个方向前进，知道自己朝着哪个方向前进的人才能与人沟通。

麻烦一大堆的人

　　精神科医生贝兰·沃尔夫提出了攻击型神经症的说法，患此症的人会将所有精力集中于一点，并且将其中易患心脏病的人称为 A 型患者。

　　A 型患者容易焦躁，经常在工作以外的事情上与人产生纠纷。

　　这类患者具有以下特征：

　　首先，总是处于焦躁状态。

　　其次，拥有过剩的竞争心理和过强的成功欲望。

　　最后，怀有敌意和攻击性。

　　这类患者，即便是一片树叶落下，也能感觉像是受到了弹道导弹的袭击，内心非常容易受到打击。这是一直以来在生活中习惯将所有精力集中于一点所导致的。他们的生活是无法保持平衡的。

这类人如果能够承认自己本身充满了各种自己无法满足的欲望，且内心怀有敌意的话，就能够慢慢地与周围的人和谐相处。

了解自己与对他人宽容的关联性研究显示，充分了解自己能够提高处理麻烦的能力。[1] 麻烦一大堆的人无法与他人建立有效的心灵沟通。

麻烦一大堆的人首先需要做的是承认自己的孤独。

狡猾的人总是能够乘虚而入；而一个人之所以会被乘虚而入，都是因为对自己的了解不充分。

别人能够一眼看出你的孤独。怀有某种目的的人总是能够清楚地看到对方的虚荣心，狡猾的人能够看到对方内心的恐惧。

---

[1] 出自《偏见的本质》（*The Nature of Prejudice*），戈登·W. 奥尔波特（Gordon W. Allport）著。

通过"和谁交往"看清自己的内心

一般来说，每个人的情感之中，比起"厌恶"，"孤单"的情感会更加强烈。

所以，孤单的人存在意识不到"我讨厌那个人"的时刻。

"如果能让我不再孤单，即便讨厌这个人，我也会和他交往。"所以，在交往的时候即便已经意识到讨厌对方，也会努力让自己去忽略这种感受。

注意不到内心的厌恶是因为在这个时刻，不去在意这种情感会让人在心理上感到轻松。

这类人一般在内心之中讨厌每一个人，甚至是恐惧每一个人，特别是实力强的竞争对手。但是，即便自己无意识中讨厌着对方，也会因为自己很孤单，而把对方当作"好友"继续交往。

这样的人是存在心理问题的，所有的开心也都不自然。

内心深处没有底气，所以无论在哪里，无论做什么都不会积极主动。即便表面上展示给外界的是开心快乐，在意识不到的地方也依然会潜伏着厌恶的情绪。

如果一直自欺欺人，在周围人的眼中，这样的人就会是一个有问题的人。

常常自省"为什么那时候会和他成为朋友"，这样也会容易看清自己。注意每一个时间段交往的不同类型的朋友，可以帮助自己看清自己的内心。

你会有各种各样的朋友，比如虚荣心强的、想要获取权力的、有强烈自卑感的等。在你与这些朋友交往的时候，你的内心一定存在着和他们一样的问题。

另外，即便你在和他们的交往中觉得压抑，非常厌恶，你可能还是会因为自己的孤单感而去和这些人接触。你觉得心情压抑，是因为虽然和他们接触让你表面上感到快乐，但是其实内心是厌恶他们的。

两个人在一起时，你感到压抑，说明你不喜欢对方——或者用"讨厌"这个词更贴切一些。

人有两个"自己"是最难发现的。其中一个是"对对方不感兴趣的自己",其实人总是很难发现自己对某个人没有兴趣。

另外一个是"讨厌某个人的自己"。最应该注意到的一种非常重要的情感就是"讨厌",讨厌某个人,说明在你的内心深处其实有对他的恐惧。

讨厌一个人的深层次心理

人往往会压抑一种非常重要的情感，即对一个人的讨厌。那么，你知道你为什么会讨厌某个人吗？

在没有共同话题的情况下交谈，让你感到无聊的人，可能会让你讨厌；在见面之前需要你想好聊天话题的人，也有可能让你觉得讨厌。

那么，你身边存在可以让你吐露心声的人吗？

你有没有向自己不认识的某个人倾诉过？如果有的话，你可能讨厌现在的社交圈甚至身边所有的人。因为如果有可以交心的人，你会愿意向他吐露心声，而不会选择向不认识的人倾诉。

一些处在烦恼状态的人会给我写信，或者打电话。当我问他们"你有亲密的朋友吗"时，他们中多数人会回答"有"。

其实，如果有亲密的朋友的话，他们就不会向不认识的我吐露烦恼了，而是会向亲密的朋友诉说。

如果你总是不停地遇到各种棘手的问题，还感觉无人倾诉的话，你需要反思自己可能讨厌现在在身边的人。

其实，讨厌别人就是讨厌这个状态下的自己。

你讨厌别人最大的原因与你自身幼儿期的愿望未被满足有关。与你接触的人都不能实现你的愿望，所以你会感到不满，从而讨厌对方。

产生棘手问题的真正原因在于，你没有意识到自己的不满和不安。自己感到不满和不安就会讨厌周围的人，这会导致问题不断。要从根本上解决这个问题，首先要自己喜欢上自己。

无法与人沟通一般来说都是因为不喜欢自己，所以也无法喜欢别人。喜欢吃秋刀鱼的人就会了解秋刀鱼，知道秋刀鱼哪个部位最美味，对秋刀鱼料理也别有一番见解。对于人，也是同理。

也就是说，如果你对一个人漠不关心，就不会喜欢上他，自然不会与他进行深入交流。如果你对他始终没有兴趣，一直漠不关心，那么你与他就不能达成在想法上的相互沟通。

当人际关系发展到兵戎相见的时候，一定是双方彼此非常厌恶，并且互不了解。

不了解对手的同时，也不了解自身。不知道自己到底是老虎还是猫，不清楚对方是蛇还是獾。彼此互不相知，却还认为自己很了解对方，这时候你们的关系就很可能发展成兵戎相见。

让你发现真实自我的人

有看清他人的能力的人，和不具有这样的能力的人，在与别人相处的时候是完全不一样的。

即便是性格极端的人，其中也不乏具有能够看清他人的能力的。在看人这方面，性格极端的人甚至比有被害意识的人更胜一筹。他们能够说着取悦对方的话，并乘虚而入。

骗子和被骗的人在心理方面有着很大的不同。被骗的人一般是"通过对方看自己"，并且存在着很大范围的"自我意识盲区"。他们知道自己本质上是只老鼠，却要装出狮子的威风。

骗子明知对方是只老鼠，却还要不停地夸赞他"你真是一头威风凛凛的狮子"。

之前我有提到过"毒品"这个词。海洛因是毒品，有极大的危害性，因它而身败名裂的人不计其数。但相比之下，被花言巧语迷惑而身败名裂的人更多。

麻烦总是发生在那些对自身认知不清的人身上，而他们却还坚称"我没错"，感慨着"怎么受伤的总是我"。

提高自我认知的一个很好的方法就是写"洞穴日记"。就是在意识上回到人类在洞穴中生存的远古时期，将自己身体中穴居生活时期的一部分特质解放到日记中，写下一本记录解放人类原始情感的日记，将书写作为克服困难的一种手段。

和善良的人交往能够让你发现被自己隐藏起来的部分。能够让你发现被自己隐藏起来的部分的人，也一定是能够接受你全部的人，和这样的人在一起，不需要把自己武装起来。

如果有一个能完全包容你的人在的话，你就会发现自己没有意识到的自我部分的存在，会发现原来"我只是想要获得关注"。

相同的兴趣爱好没了，人与人会自然分开，就像音乐停下来，舞会就会散场，人就会离开。这样通过兴趣连接在一起的人，并没有心灵上的互动。

讨厌与人交往的人对自身的认知存在着很大范围的意识盲区。

为了提高沟通能力，你需要和一个能够让你放松的人相处，这就是美国心理学家罗洛·梅提出的"扩展意识领域"。

想要发现被隐藏的情感，就需要一个值得信任的人。有这么一个人的话，你会相信他所说的话。这样你就能够发现真实的自我。

你最重视什么

即便你讨厌一个人，只要你意识不到你讨厌他就没关系。但当你意识到你打心眼里讨厌这个人时，你对待他的方式就会发生改变，潜意识里与他拉开距离，随之，也会减少矛盾的发生。

不要和你内心讨厌的人深入接触。因为矛盾的产生往往是由于你明明很讨厌他，却还要迎合他，和他深入接触。

当由此产生的矛盾不断出现的时候，你就要承认你"讨厌周围的人"。当你意识到你讨厌的是职场中的某个人的时候，你就不会把职场的局部矛盾带入整个职场中。

如果你不能认可"真正的自己"，因此而感到不安，那么你将会一直被职场中的不开心所笼罩。

当然，沟通能力强的人也会有与他人发生矛盾的时候，明确说出自己的意见也可能会引发一些矛盾。不过这些矛盾并不严重，一般不会让人内心留下伤口；矛盾解决后，还可能增进对彼此的理解，加深交流。

注意到自己的意识盲区有两种方法：一种是审视一下"我保留了什么"，也就是"我在意的是什么"；另一种是尝试控制自己的注意力，有意识地将自己的注意力集中于某件事情上，或者将自己的注意力从某件事上分散开来。

但是如果你发现自己没办法做到，那么你可以认为自身存在着自己没有意识到的大问题。也就是说，你无法控制的东西就存在于你的意识盲区内。

逐一地审视你无法控制的事情，可以帮助你逐步了解自己的意识盲区，发现真实的自己。在现实中如果能够找到可以交流的人，那么漫长的人生就更容易幸福地度过。

我先前提到过要正视自己的意识盲区，这当然并非易事。但是一些交际达人是可以听到意识盲区的声音的，而无法与人顺利沟通的人缺少的就是倾听内心声音的智慧。

如果能够发现意识盲区里的自己，并且承认他、接受他，很多有关人际关系的问题都会迎刃而解。

人生并非一定要声名鹊起、手握大权、腰缠万贯，也不会始终一帆风顺。

有些人虽然躯壳沐浴在阳光下，但是内心活在阴暗处。这样的人并非没听过"阴暗处不好"这样的话。

追名逐利之人大多内心活在阴暗处，而内心活在阴暗处的人一定心存憎恨。

发现"真正的自己"，并且承认"真正的自己"，人际关系就会开始变得顺利。能够自然地与人沟通时，人生的道路也会更加平坦。

和身边百分之七八十的人打好交道就好

　　已经反复强调过多次，想要提升自己的沟通能力就一定要发现"真实的自己"。为了达到这个目的，观察人际关系是一个很好的方法。

　　意识盲区因为是自身的盲区，所以我们才意识不到。但是这种无意识一定会显现出来，并且多数会反映在人际交往中。

　　人际交往不顺利，其实就说明这个人的意识盲区中存在着问题。如贝兰·沃尔夫所言，人会对对方意识不到的地方产生反应。如果周围的人对某个人意识不到的地方怀有敌意或者憎恨的话，那么他们就不会与这个人亲密交往。

　　当然，和周围的所有人都能顺利交往也有问题，和所有人都是敌对关系也是一样。一般情况下，正常的人能和身边百分之七八十的人打好交道。

其实，我们可以发现世界上有很多心理存在问题的人，所以要是能和所有人都打好交道，那才是奇怪的事情呢！

对所有人都不满意是自身欲求没有得到满足的表现

　　总有人对人际关系，比如对父母、孩子、恋人、上司、下属、亲戚，感到不满。甚至，有的人对自己周围的所有人都不满。

　　这样的人大部分只是自身欲求没有得到满足的人。他们对自己不满，从而导致对周围的所有人都产生不满的情绪。不管是因为幼儿期的愿望没有得到满足而不满，还是因为自我实现的欲求没达成而不满，都是自身最本质的欲求没有得到满足的表现。

　　有些人从小就开始伪装自己，为了让父母满意而努力扮演一个不是"真正的自己"的自己，即便一直讨厌这样的自己也还是不断忍受。简而言之，就是丧失自我，疏离自我。也是这个原因，导致内心破碎不堪，但却不自知。

总之就是，自己内心之中有未被满足的愿望，但是自己并没有意识到。

人们总是能感知到别人因为不能实现愿望而不满和焦虑，但却很难发现自己因为无法满足自身欲求而不满。

如果一个人感到焦虑，产生莫名的不安，说明在他的意识盲区中存在着很大的问题，当前所感受的焦虑和不安其实并不是问题的根源。

在焦虑和不安之后，他会通过周围的人感受到自己的不满，同时开始对周围的人发泄不满。问题往往很简单，其实就是将自己的不满发泄到周围的人身上而已。

如果这个人实现了自我，那么周围的人即便没有发生任何改变，他的不满也会消失。如果因愿望没有实现而感到不满，那么只要实现了这个愿望，人际关系就会变得顺畅。

所以，你对父母不满，对孩子不满，对同事不满，对爱人不满……归根结底是因为你内心有未被满足的欲求。而你的父母、孩子、同事、爱人、朋友、老师都成了你不满的对象。

气愤上司无能、下属无能，其实就是气愤自己无能，只不过是你的上司和下属代你受过而已。所以总是感慨、埋怨周围的人并不能解决问题。**想要解决人际关系中的不满，就要发现自身根本的欲求，然后去满足它。**

童年时期没有得到满足的期待或者是自我没有实现的愿望，这些其实本人很难发现。也就是说，我们很难发现自己内心存在这样的期待和愿望。

人们可以快速地发现没钱、生病、气候恶劣，但是却很难发现自己心情恶劣的原因。

如果你的根本欲求未被满足，你着实很难发现自己心情恶劣的原因，因此才会对周围的人的言行举止感到不满。

试着思考一下"我有没有向周围的人敞开心扉"。

自我实现是良药

我之前提到，意识盲区因为是自身的盲区，所以我们才意识不到。但是我也提到过，这种无意识一定会显现出来，并且多数会反映在人际交往中，以及分享了一些发现自己的意识盲区的方法。不过，其实**最好的办法是自我实现**。

美国心理学家亚伯拉罕·H.马斯洛曾经说过，出于成长性动机行动的人不会依赖别人，所以一般不会成为矛盾体（同时怀有爱和憎恨两种情感），不安引起的敌对意识也会少。

相对独立于环境之外可以减少不幸、压力等外在逆境所产生的影响，虽然也会因为外部刺激产生反应，但相对而言，所受影响会变小，可是这并不意味着要中断与外界的交流。[①]

完成自我实现的人能够灵活运用自身潜在的可能性、适应力和创造力，然后根据对自己的了解确立人生方向。结果就是人格越发统合，越来越清楚真实的自我，知道自己真正想要的是什么，或者越来越了解自身的优点、未来空间和发展方向。

想要发现自我，就一个人走进大自然思考"为什么会变成这样"。比如出于匮乏性动机的行动，一旦受到妨碍，就会感觉深深受了伤害。

孩子做了某件事，得到了父母过于夸张的夸奖；当孩子开始期待得到父母的夸奖，而父母并没有夸奖他们的时候，孩子就会感到很受伤。

一个人拥有成长性动机还是匮乏性动机，看待同一件事的态度会有很大不同。育儿的辛苦程度也会根据父母是出于成长性动机在做，还是出于匮乏性动机在做而不同。

阿伦·T.贝克认为患抑郁症是因为拥有匮乏性动机。困难的大小取决于一个人看待困难的动机。出于成长性动机、热情对待事情的人，和出于匮乏性动机、消极对待事情的人，他们

---

① 出自《存在心理学探索》（*Toward a Psychology of Being*），亚伯拉罕·H. 马斯洛著。

的心理反应是不同的。如果没有收获感谢，拥有成长性动机的人不会感到不满，但拥有匮乏性动机的人就会感到不满。

总是强调自己有多惨，抱怨"为什么受伤的总是我"的人，是想通过这种行为来推卸责任。当一个人想推卸责任的时候，强调受害是最容易的做法。

但是与此同时，这个人内心中也产生了孤独和怯懦，随之会觉得自己很弱小。

总是怀有受害意识，想要通过受害者的立场去操控他人的话，无论到什么时候都没办法感受到自己内心的强大，也永远不能消除自己内心的恐惧感。

即便是失败的人，也可以拥有良好的人际关系

人际关系不和谐的人，一般都是固执地认为"我没错"的人。

其实即便错误在你，也是可以搞好人际关系的，前提是你需要有认知自己错误的意识。

坚持"我没错"的人中有很大一部分患有神经症。他们中有的人总是认为人生的诸多问题解决起来都很简单。但是现实却非常遗憾，人生没有魔法棒，人生的诸多问题实际解决起来并不简单。

认为人生拥有魔法棒的那些人，有的可能成了恐怖分子，有的可能加入了邪教组织。

没有人生下来注定要成为恐怖分子，也没有人生下来注定

要加入邪教组织。但是，不断追寻通过捷径来解决人生诸多问题的人，最终步入的可能就是邪教组织或者其他极端主义团体。

每当有烦恼的时候就会天真地试图用"人生的魔法棒"来解决问题，但是去请教别人魔法棒在哪里时，才发现完全得不到答案。

因为他认为存在的东西实际上是不存在的，所以无论问哪个心理健康的人都不会得到他想要的答案。此时的他会陷入烦恼的旋涡，转而去怨恨没有给他答案的人。

所有的问题都是有共性的。

一对夫妻在离婚的时候都认为错在对方。事实上，或许他们原本就是心理上无法和别人一起生活的人，或者是无法建立良好人际关系的人。

一个人处在无法维系自己的婚姻生活的状态下，只有两个选项：要么成熟起来，要么和另一半离婚。

无法认知自己错误的人选择了离婚，他会认为"离婚的所有原因都在对方""我没错"。

本来是通过心理的成长可以解决的问题，但是却固执己见，认为"我没错"，转而去埋怨对方。

想象别人的痛苦

认为"我没错"的人看不到别人的存在。为什么这么说呢？因为他们无法理解别人的痛，无法看到别人也在痛苦、烦恼中挣扎。

无法解决自己的烦恼的人总是有一种错觉：只有自己在烦恼。他们看不到别人的辛苦。

人类在几千年的历史长河中，都是于痛苦、烦恼中挣扎着活出自我，活出幸福的。大部分人在拼命地活着，也有一些人选择了逃避或者死亡。

当你生病的时候，你要想着每一天都必须好好地活着，每一天都要认真地吃饭。如果这些事你都做不到的话，我想你很难从麻烦中挣脱出来，活出幸福。

当你试着站在别人的立场考虑问题的时候，你就会知道人生的诸多问题并不是简简单单就可以解决的。

只有能理解别人的辛苦，不以自我为中心的人，才明白人生的诸多问题不能简简单单地解决。

而坚持"我没错"的人，和眼里不存在别人的人，总会轻易地问别人"我该怎么办"。然后就像我刚才提到的那样，他们不会得到想要的答案，所以就会开始怨恨给不出他们答案的人。

随后，他们又会去追随那些告诉他，他能够轻松解决人生问题的人，这就很有可能加入邪教组织或者其他极端主义团体。

事情发展的本质是什么样子的呢？他们交到的那些所谓的朋友，其实是那种即使不认可"真实的自己"也能够活着的人。

在这些"朋友"之中，弱小的人、不负责任的人、自私任性的人都能够成为"追求精神世界的伟人"。

对于以自我为中心地抱怨"没有人理解我"的人而言，他眼里唯一的现实就是他的想象，别人眼里的现实对他而言是不存在的。

将失败与成功联系在一起的态度

我曾翻译过一本叫作 *A Father's Book of Wisdom* 的书，我将书名翻译为《开阔人生的名言》。书中有一句这样的格言："将失败转换为成功需要坦率。"对此我是这样理解的：树立一个做某件事情的目标，拥有达成目的的意志，然后去实践。

如果结果是不尽如人意的，从表面来看这是一次挫折。但是当你再次遇到同样的事情的时候，你就会发现：如果我认真吸取上次的教训，这次就不会再失败。

"目标→意志→实践→结果"，成功就是通过不断重复这一过程获得的。有时候，成功取决于重复这个过程的次数，没有重复经历这个过程的人几乎不可能成功。

比如，有的人从失败中明白"等待时机"的重要性，有的人意识到"失败的原因"在于自己的性格，还有的人懂得了"天下熙熙，皆为利来"。脸色阴沉的人如果受到了挫折，那么他可能从中学到"摆着臭脸，人家是不会给你任何有用的信息的"。

人只有不断重复"目标→意志→实践→结果"这一过程，才能够成功。如果仅靠知识和技术就能成功的话，那么大家都不用辛苦了。心灵的沟通往往是决定成败的关键。

《开阔人生的名言》"害羞的多毛症患者"一节中写到，白领们丢掉工作，百分之九十是因为缺乏处理人际关系的能力，而并非工作能力。就是说，丢掉工作并不是因为工作能力不足，而是因为不具备团队合作的能力。还有一个原因，就是在休息时间不擅长与人聊轻松的话题。

你可能不知道，在美国，有百分之七十的工作机会是通过非正式的社会雇佣体系获得的。

一个人工作不顺利的时候，如果还不断自我强调"我既有技术，又有知识"，而不承认自己的失败，那么他今后能够获得成功的机会也不会很大。结果就是他在感慨"受伤的总是我"的状态中扭曲地活着。

如果你是一个善于内省的人，因为通过对某一点的不断反省，人际关系变得顺畅，加上原本具有的技术和知识，那就无异于如虎添翼了。

承认"我的选择"

摆脱烦恼的过程,虽然很痛苦,但是你要不断地告诉自己"这个环境是我自己选择的",告诉自己"造成这种状态的人是我自己"。当你掌握了这种主动性时,烦恼很快就会得到解决。

但是,这种**主动性并非一朝一夕就能够获得。因为被动的姿态是一种渴望爱的姿态,你需要每天不断地审视自己的想法,勇敢地否定这种姿态,才可能变被动为主动。**

每当你想要通过诉说痛苦来消除怨恨的时候,你就要反省"现在是一种被动的姿态"。然后,告诉自己:我觉得理所当然的事情并非理所当然,要懂得感恩。

很长时间以来,我从听到的不满和喜悦的声音中明白,总是抱怨的人是被动的人,他们总是期待着有谁能够对自己特别好。

当你停止依赖别人时，你就会看清自己，知道自己所处的位置。当你依靠别人时，你就会忘记打磨自己。当别人不再为你做什么时，你就会变得不满。

攀附于人，受人恩惠，利用别人。这样做会让你在忘记本心的路上越走越远。

设想一下，在战斗的时候还要依赖别人的人是什么样的人。他们总是抱怨"那个人不来帮我""为什么不多帮我一下"，然后去怨恨别人。

当你想要自己战斗的时候，只要有人稍微帮助你一点，你就会十分感恩。然后，你可能会感恩友情、爱情、亲情等。

怨恨和感恩在心理上是完全相反的两种状态，实际上你的状态和你感知到的对方的态度是一样的。

当你不再依靠别人的时候，你就能够体会到对方的帮助，懂得爱情或是友情。当你停止埋怨别人的时候，你就会有一个重大的发现：自己意识盲区中的症结。

每当你依靠别人的时候，你就会埋怨别人。埋怨别人是有原因的。当你停止埋怨的时候，你就会发现自己被动的姿态了。

第二章

「受伤的总是我」的

深层次心理

自我毁灭型的人

　　自我毁灭型的人为了得到他人的承认和称赞，会做出坚持不懈且痛苦的努力。这种努力是执着于自我的努力，而并非站在对方立场上为对方付出。

　　勉强自己的努力是一种极度情绪化并且自以为是的努力。自我毁灭型的人既恐惧他人，又害怕被虐待。①

　　以恐惧作为动机的努力是为了保护自己，所以不会获得回报。

　　以下是美国著名精神病学家卡伦·霍妮对自我毁灭型人格的说明：

　　1. 通过强行做一些原本没有被期待的事或者过度献殷勤来

---

① 出自《一位精神分析家的自我探索》（*The Unknown Karen Horney*），伯纳德·J.派里斯（Bernand J.Paris）著。

避免被苛待。

2. 只要没有获得内心偷偷期待的报酬，或者没有回报的话，就会觉得自己没有得到公平的对待。比如，总是期待别人说"太感谢了，你帮了我大忙"，当别人没有这么说的时候，就会觉得自己被虐待了。也就是说，极度地追求自己所做的事情的回报。

3. 当理想中的自我形象受到损害时会觉得被苛待。问题是事实上并没有被苛待，只是自我毁灭型人格的人自认为被苛待了而已。具有自我毁灭型人格的人对被认同的渴望是十分强烈的。

总体来说，以上三点都是自我毁灭型的人强烈渴望情感的力证。正因如此，他们同时也被受害者意识困扰着。比如，总觉得"不被重视""不被理解""大家都欺负我""只有我吃亏"等。

了解自己在社会中所处的位置

精神病学家阿尔弗雷德·阿德勒一直强调社会兴趣（social interest）对于人的健康生活的必要性。

在我看来，社会兴趣就是字面上的意思，即拥有"自己生活在社会中所需的兴趣"。本质上，具体的社会兴趣就是关怀他人，为别人的幸福感到开心，对他人的痛苦感同身受，有与他人共情的能力，能够与他人协作，有同情心，能帮助他人，不忍杀害动物，不虐待动物，等等。

不具备社会兴趣的典型例子就是自恋的人。自恋的人对别人毫无兴趣，所以也不会在意别人。他们不会为朋友担心，甚至毫不关心。他们对社会上的人也是同样的态度，从来不会跟警察叔叔、小店大叔、长者打招呼，不将目光转向社会。

自恋的人为了树立良好的形象也会与人寒暄，但是并不是出于交流的目的。即便是对对方表示关怀，那也不是真正关心对方，而是希望给对方留下好印象，是纯粹出于自身立场的举动。

不被想要讨好的人喜欢的理由

　　能够思考"我适不适合做这件事情"的人是具有社会兴趣的人。这样的人懂得自身在社会中所处的位置，理解自己与别人的关系。所以，他们的努力总会获得回报。

　　社会兴趣，也就是与别人产生某种关系的情感，是能够理解别人因何而欣喜，又厌恶何物的情感。带有社会兴趣的努力，会收获努力的价值，付出努力才能变得幸福。相反，不带有社会兴趣的努力是徒劳的。以体力来说，只能爬高尾山，却一定要爬珠穆朗玛峰，那你的努力是不会得到回报的。

　　总有些人一直努力却没有得到回报，是因为他们所有的努力都忽略了和他人之间的联系。有些人抱怨"我已经够努力的了"，可是事实上，他们所做出的都是些和别人不相干的努力，并没有站在别人的立场上思考并行动。

比如说，有的人喜欢上一个人，同时还了解对方讨厌什么，清楚"做什么事对方会不喜欢"，这样的人的努力会得到回报。

有了喜欢的人，去某个地方等待他。这需要时间和精力，同时还需要热情。可是如果你做的事情是对方很讨厌的事，但你还没有意识到，那么你的所有努力可能都得不到回报。

如果你做的事情让对方憎恨，那么不管你怎么努力也不会得到回报。

持续不断努力的前提，不是你的人生问题还没有得到解决。如果你还处在问题的旋涡中，你的盲目努力反而会带来更多麻烦。随之而来的，你会因努力没有得到回报而失望，抱怨"怎么受伤的总是我"。

我曾经看到过这样一个故事，一位女性把手伸入热水中，然后说："你看，我这么爱你。"虽然这位女性想要表达她的爱，可是她并不懂正确的爱的方式。

自恋的人通常采取这种执着于自我的方式表达爱。长期这样下去，有可能会引起抑郁情绪。所以，当自己拼命表达爱意，却没有得到期待的反应时，你可能做了和把手伸入热水中一样的错误行为。

把手伸入热水中，然后说"你看，我这么爱你"。你这么做，对方并不一定开心。这么做的人，是缺乏社会兴趣的人。把自己的心理剧本投射到对方身上，是缺乏社会兴趣的表现。

明明为这个人而努力就会被青睐，就会被感谢，可是你却忽视了这个人，用了错误的方式，所以即使努力也总是得不到回报。

你很在意，但他并不在意

当我们感受到与他人的联结时，就会产生想要为这个人做出贡献的情感。社会兴趣，也是为别人做出贡献的情感，如关怀、互助的感情。

会关心别人的人和不会关心别人的人，他们使用能量的方向是不同的。同样写一封信，关心对方的人并不需要消耗精力。但对于并不关心对方的人来说，即便是写一封信也会觉得麻烦，这个时候就会消耗精力。

对方看不到你的内心纠结。你觉得做了一件让对方的世界天翻地覆的事情，然后猜想"他一定很发愁吧"，或者"他一定很难过吧，会意志消沉，还是会非常生气呢"。实际上，人家没有发愁，没有难过，没有意志消沉，也没有非常生气。

人总是以自己的标准去判断别人，但是这些大多是错误的推测。别人不是自己。

哈佛大学的心理学教授艾伦·J. 兰格（Ellen J. Langer）将这种情况称作"动机混同"。不断地推断对方"这样了吧，那样了吧"，会消耗自己的精力。你在不断推测，消耗精力的时候，其实对方什么都没想。

有的时候，你做的事情对方可能已经忘记了，甚至对方都没有注意到你做的事情。你觉得自己做了件让对方的世界天翻地覆的大事，但是对方却无感，在对方看来你什么都没做。可是，对方却始终占据着你的脑海。

你会因"以后我要怎么面对他呢"烦恼，事实上对方完全不在意你，根本没有考虑你。只有你在考虑对策，也只有你在不断消耗能量。对方并不是你推测的那个对方，实际上的对方和你想象的完全不一样。

你可能觉得对方是只猫，殊不知他是条鲶鱼。你把对方当作猫去接近他，最后却可能被鲶鱼干掉了。并非对方要"吃掉"你，而是你不断地消耗自己，使自己衰弱下去了。

很努力却不被理解

总觉得"我没错，但受伤的总是我"的人多数是自恋的人，他们为了保护内心的伤口才这样说，以为说着"受伤的总是我"就能保护内心的伤口。

人在自我防御时造成自恋型损伤的表现之一，就是坚持自己是受害者。[①] **自恋的人内心中的"最后谁都没帮我"和"为什么受伤的总是我"是密切相连的。**

美国心理学家乔治·温伯格（George Weinberg）曾经说过，世界上最流行的一句话就是"没有人理解我"，这句话表现了说话的人自恋的心情。

---

① 出自《梅宁格诊所通报》（*Bulletion of the Menninger Clinic*）。

总是有人抱怨"我已经这么努力了"，或者愤怒地说"我已经这么努力了，难道你看不到吗"。这些场景可能会发生在父子之间、夫妻之间、恋人之间、上司与下属之间。

但是不管发生在哪种场合，这种努力都是自恋的人自以为是的努力。对方的现实和你的现实并不一样，但是你并不知道。

感到愤怒的原因，简单而言就是眼里不存在对方，说高深一点就是"他者的自我化"。对你来说，别人并不是别人，只是你自己的延伸。这样的你与别人的关系可以称作共生关系，而不是有自控能力的人之间的交往。

你所认为的"我如此努力"，其实对对方来说不过是一些麻烦而已。自恋的人不清楚自身与对方在现实上存在的不同，所以会在人际关系中遇到很多麻烦。

自恋的人有想做的事情，同样，别人也有想做的事情，必须承认这点。但是自恋的人不愿意承认。

一位小学老师曾经将烦恼向某个人诉说，然后在某个点，他突然生起气来，大吼："你难道不知道老师这个职业有多忙吗？"被他吼的人就觉得"你这样的话，肯定会和周围的人发生矛盾"。

愤怒地抱怨"你连这个都不知道吗"，是因为他没有意识到人不是万能的。

从对方的情况来看，这件事可能并不值得去了解。自恋的人却认为他自己知道的事情是值得了解的，而他自己不知道的事情就不值得了解。

人生充满压力吗

　　自恋的人在对方不理解自己的时候，不能自己想通"这个人和我不在一个水平线上"，同时做不到在心中将对方割舍掉。因此，他会对对方感到愤怒，感到无法原谅，并且被这种情感支配着。出现这种情况，除了因为自恋的人无法认知自己与他人现实情况的不同，还因为自恋的人在无意识中感到恐惧。

　　有人提到过自恋的人的意识盲区在于"孤独与恐惧"。自恋的人会因为孤独而感到恐惧，所以当对方不能理解自己、不称赞自己的时候，就会感到愤怒。

　　自恋的人因为**在无意识中总是感到恐惧，并且严重无视别人的存在，所以总是因压力而烦恼。**

　　猴子在这点上和人类类似。猴群中也存在着压力大的猴子和压力小的猴子，压力大的猴子和压力小的猴子的区别在于，压力大的猴子不懂得区别威胁和威胁以外的手势。

压力大小可以通过压力激素皮质醇来判断。[1]总是觉得"受伤的总是我"的人，会认为自己的人生充满了压力。但是客观来看，他的人生并非充满压力，只不过他的意识盲区中存在着比别人更多的问题。

刚刚说过，压力大的猴子不能区别威胁和威胁以外的手势。对人而言，自恋的人因为恐惧而没有办法认真面对他人，不知道对方其实完全不恐怖，却还在自己的意识盲区中因为孤独和恐惧而不安。

所以，自恋的人的人生一直以来都被他认为恐怖的人威胁着。如果他意识不到这一点，到死都会因为人际压力而痛苦。

还有一点，自恋的人可能从小就一直被榨取着。因为没有被爱过，所以就长成一个不能"与人共处"的人。

---

[1] 出自《情感革命》（*The Emotional Revolution*），诺曼·E. 罗森塔尔（Norman E. Rosenthal）著。

强烈渴望被表扬的人

自恋的人会歪曲合理的判断。

如果别人不认为自恋的人所做的是一件非常出色的事情，自恋的人就会觉得别人对自己的指摘是恶意攻击，甚至包括出于好意的建议、说明、提醒，都会让自恋的人感到烦躁。

那是因为这些出于好意的建议、说明、提醒妨碍了自恋的人自我陶醉，所以听不到称赞的话语，自恋的人就会感到受伤。

年纪不小但总是一脸抑郁的人多数是自恋的人，因为压抑了自恋受到妨碍后的愤怒，转变成抑郁。

与满足自己的食欲相比，自恋的人更希望满足自我陶醉的需求。他们总是觉得"我做了一件很了不起的事"，但是听他们讲述的人可能并不这么觉得，所以自恋的人会感到不开心。

其实如果没有觉得"我做了一件很了不起的事"，那么别人关心与否，自己都不会受伤害。

可是自恋的人会觉得自己有很多值得炫耀的事情，或者更准确地说，基本上所有的事情都让他们觉得值得炫耀。

自恋的人总是沉浸在"我很厉害"的想法之中，如果收到"你并没有多厉害"的评价，那么这种评价对他们而言就成了恶意攻击。

其实自恋的人只是自我陶醉，而非自信。有自信的话他们就不会感到孤独和恐惧了。

如何判断一个人是不是自恋的人，心理学家埃里希·弗洛姆认为，其中一个标准就是看这个人是否对所有的批评都非常敏感。

因为很敏感，所以情绪总是不安定。上一分钟还看起来心情不错，可是下一分钟就会因为一句话而不开心了。他们虽然表现得十分谦逊，但是并不接受别人的批评，如果不受到表扬就会感到受伤。

所以，正如埃里希·弗洛姆所讲，谦逊的背后隐藏着脆弱的自我赞誉。这个被隐藏的自我赞誉就是没有获得他人认可时感到受伤的原因。也是从这里，自恋的人的错觉开始出现。

当自我存在感受到威胁时，自恋的人就会把自己拥有的贵重物品炫耀给周围的人看。如果自我存在感变得模糊，就算自己拥有很不错的经历，他们还是会感到不安，要通过向别人确认这种经历确实不错才能令他们安心。

　　自恋的人就是一种缺少自我意识的人，他们如果得不到别人的称赞就会不安。

　　自恋的人需要一个可以一直对他说"对，就像你说的一样""没错"的朋友。

恐惧可以导致人际关系破裂

美国心理学家菲利普·津巴多说过，腼腆的人的一个心理特征就是"害怕失败"。将"害怕失败"作为心理特征而言的话，"极力地追求荣耀"是必要条件。

不论对谁而言，失败都不是一件令人愉快的事，但不是所有人都会因为一些小的失败而否定自己的人生。害怕失败的人与并不特别害怕失败的人在一起的话，一定会产生一些不愉快。

举一个离婚的例子。夫妻双方曾经是同一家公司的员工。丈夫是未来可期的年轻人，但也是追求名利、极度害怕失败的人。妻子是一个踏实生活的普通人。

有一次，丈夫得知自己即将在公司的会议室做报告。在做报告前的一段日子里，异常恐惧失败的丈夫表现得特别在意这次报告，担忧得夜里都失眠了。

丈夫把这件事放在生活的第一位，而妻子希望他下周日陪自己去购物。因为妻子也在这家公司工作过，所以她觉得自己了解做这个报告是一个怎样的工作——她认为没有必要如临大敌。

在妻子看来，丈夫已经做好了充足的准备。要知道，曾经做过类似报告的公司同事甚至还在前一天喝了酒呢。所以妻子无法理解丈夫周日无法陪她逛街的心情。

当丈夫被妻子邀请去逛街时，丈夫觉得妻子叫他一起做这件事本身就不对，所以心情很不好。丈夫觉得妻子在这个时候邀请自己去逛街，是不重视自己，觉得妻子对自己漠不关心、毫不体贴。丈夫这么想，心情自然就不好，当然就会觉得生气。

丈夫原本因为被邀请就很不愉快，但是因为他本身不是强势的人，所以并没有将生气直接表现出来。但是他会怨恨妻子"在我这么关键的时候，为什么一点都不理解我呢"，所以总是不开心地沉默。

这就导致彼此的日常沟通变得不顺畅，妻子也越来越不满。妻子会觉得丈夫"从结婚以来一直都在忽略我"。在妻子看来，丈夫只不过是因为不想去购物才不肯陪自己去的。但是其实丈夫并不是不重视妻子，只是马上要在会议上做报告，心情比较沉重而已。

对"辛苦"的认知差异

丈夫越是觉得自己是"精英",就越会认为如果失败了,就会失去大家的尊敬,自己的前途会被影响。

并非不重视妻子,只是对他而言,在大家面前做报告是一件非常重大的事情,他感到害怕。特别是如果他自己认为"我被大家高估了",一旦失败了就像被扒下伪装一样,他就会更加恐惧。

但是妻子并不理解这种恐惧。妻子的想法就像我刚刚解释的那样。对他们两个人来说,对失败的恐惧感是不同的。

站在丈夫的角度看,他觉得妻子不理解自己的辛苦,很不开心,连一句"辛苦了,好难吧"都没有,会觉得自己的工作在妻子眼里根本不算什么。

妻子也并不是不重视丈夫。妻子觉得自己一直把丈夫放在第一位，但是她不能理解丈夫恐惧失败的心情。妻子并不是极力追求名利的人，也并非不在意丈夫，只是对失败没有过度的畏惧而已。

有的时候，两个人虽然在经历同一件事，但是感受却天差地别。对内心还比较幼稚的丈夫而言，他特别希望妻子能够多和自己说几句"辛苦啦"，希望妻子能够更关注自己，能够称赞自己的努力和认真的态度。

其实影响人心情的并不是事情本身，而是人看待事情的态度。总以为是事情影响了心情，人际关系才会紧张。

理解对方内心的恐惧感

后来，夫妻二人有了孩子，但是两个人对事情认知的不同导致生活的更多方面产生了问题。

在妻子看来，丈夫在家里那么闲，"就不能替我照顾一下孩子吗？这也是你的孩子呀"。而在丈夫看来，工作上的事已经让他很头疼了，哪有时间照顾孩子。然后，妻子就会质问丈夫"你怎么一点也不疼孩子"，丈夫就会反击"你懂什么"。

工作和孩子，这最重要的两项在妻子看来渐渐成了矛盾的导火索。实际上，每一件工作方面的事情，对于妻子和丈夫而言，都有着不同的意义和重要性。

自卑感很强的人很容易因为别人的一句话而受伤，同时也会因为别人的一句夸赞而欣喜若狂。对于自卑感很强的人与自

信的人而言，别人的每一句话所带有的含义完全不同。

事实上，丈夫并不像妻子认为的那样不疼爱孩子，只是对于总是渴望别人认可的丈夫而言，在工作上取得成就的重要性大于一切。在妻子看来，无所谓的事情却是让丈夫心力交瘁的原因，因此不能坦然面对。最终二人的关系走到了尽头。

理解一个人其实就是理解对方内心的恐惧感，或者相反，理解对方内心的安定感。

为什么越努力越痛苦

两人又经历了怎样的离婚过程呢？

丈夫本不愿意出门散步，但为了自身健康还是咬着牙打算去散步。刚要出门，妻子就对他说"走路的时候把腰板挺直了"。妻子这么说是为了鼓励丈夫，是为了丈夫健康的"爱的鼓励"，但是丈夫却因为妻子的一句话停下了出去散步的脚步，默默转身回屋。

妻子觉得"不可理喻""我是为了丈夫的健康才这么说的"，但结果是妻子的善意扼杀了丈夫的想法。如果这个时候妻子没有说"走路的时候把腰板挺直了"，而是说"去散步吗？好好溜达溜达"，或许丈夫在散步的途中会因此来了精神，自然就把腰板挺直了。

挺直腰板、大幅摆臂、尽量向前方看、挺胸收腹、下巴收起等，这些健康运动的动作丈夫其实都知道。但是丈夫一开始就被要求这样做，就会觉得懒得做了，刚提起的散步兴致也不由得消失了。默默折回家的丈夫在心里会说："我还不知道你说的这些？"

这位女性成为母亲以后，与孩子的关系也是同样的：不认可孩子的努力，孩子努力做一件事的时候，她会提出更高的要求。对于孩子而言，没有比这更打击积极性的了。

这位母亲一直觉得自己这样做都是为了家人。但是这样的事情每天都在持续，孩子最终拒绝上学，丈夫也不愿意和她讲话。妻子感到委屈："我这么拼命为了谁？"妻子越努力，和周围人的关系就越糟糕。这完全违背了妻子最初的意愿。其实这个时候，妻子反思一下"为什么"，或许情况就会变好了。

等一下我们会说到"为什么"以及怎样打开好运的大门，但是事实是有些人从不考虑"为什么"。因为他们相信自己出于善良的意图，所以从来没有考虑过自己的善意不过是自以为是而已。

在人际关系中，"善良的意图"是危险的，因为它们多数都是自以为是的产物。你以为你在鼓励对方，没想到却扼杀了

对方的想法。

丈夫在心理上十分幼稚，妻子也不具备理解对方的能力。没有理解就没有包容。一旦陷入没有包容的精神状态就容易变成一个巨大的怪物。[①]

这对夫妻都尝试过，努力过，但是结果却不尽如人意。两个人的努力并没有得到回报。他们都固执地觉得"我没错"，妻子不断咒骂命运"为什么受伤的总是我"。

[①] 出自《理所应当地生活》（*As a Matter of Course*），安妮·佩森·考尔（Annie Payson Call）著。

第三章

你身边那些让你

团团转的自恋狂

不让"自己"占据你的整个大脑

那些总觉得"受伤的总是我"的人，为了让自己内心更轻松，不断将周围人逼入地狱。他们为了解决自己的烦恼，在伤害周围人时，还觉得自己是个受害者，总喊着"受伤的总是我"。

这其实是神经症的表现。**一旦患上神经症，患者的眼里充斥的只有自己的烦恼，周围人的所有悲伤、难过都与他无关。别人的一切感情都似乎从他的世界里消失了。**在他的世界里，除了想着减轻自己的心理负担，不会存在任何东西。

很多到我这里来咨询烦恼的人，他们的话中出现最多的就是"我"，除了"我"还是"我"，甚至有时让我十分惊讶："怎么有人可以只考虑自己，执着到这个程度？"

即便我告诉他们"不只有你，这世界上还生活着很多人"，他们也是听不进去的，满脑子都是"我很烦恼""我很难受""我很痛苦"。即便我跟这些满脑子烦恼的人说"其实我也有很多难过的事"，也会被他们无视。或者说，并非无视，而是他们根本没在听，一直和之前一样不断重复"我很痛苦"。

他们总是不断要求别人为自己做什么，抱怨"那个人不为我这么做""这个人不为我那么做"。他们要求别人更重视自己，要求别人更理解自己，要求别人为自己做更多的事情，别人于他们而言，只是可以被不断索取的对象。

他们从来不会站在对方的立场考虑："我诉说的对象也是一个人，所以他肯定也有很多需要解决的难题。"即便是错误的揣测，他们都不愿意去想一想："我现在拉着的这个听我倾诉的人，或许也遇到了人际关系的问题，或许因为经济方面的原因正在烦恼，或许因为孩子生病了非常担心，又或许根本没精力听我这个仅见过几面的人的烦恼。"

他们只会感到不满："我都痛苦成这样了，你怎么能漠不关心呢？"

大惊小怪的人

　　电台栏目《人生问题咨询》的负责人也经常会接到一些类似的电话，这些人想和电台负责解答的老师聊一聊。当导演告诉他们负责解答的老师此时有其他工作，很忙时，他们就会特别恼怒："我都痛苦成这样了，他还忙？"

　　这些烦恼的人总是任性得不像一个成年人。即便你跟他们说负责解答的老师各自都有工作和家庭，有一些要做的事情，他们也不会理解。当告诉他们"需要解答问题的听众不止您一位，现在可能没办法接受您的咨询"时，他们同样会大喊："我现在很痛苦呀！"

　　导演说，如果一个人以自我为中心到这种程度也是挺轻松的，不用顾及别人。但是，其实这样的人仍然处在觉得自己的人生充满了痛苦的状态。换句话说，在周围人看来，烦恼的人"那么任性地活着，总是以自己为中心，完全不顾及周围的人，还有什么可抱怨的"，但其实烦恼的人的想法完全相反。

当你以第三方角度来倾听烦恼的人的烦恼时，你会觉得都是些无所谓的小事。心理健康的人会想对烦恼的人说"别人遇到的问题比你的严重多了"。

神经症患者总是不停地喊着"我受伤了"，普通人就会觉得"别人比你伤得更深，大家都一直忍耐着，坚强地活着，所以别总在我们身边不停地喊'我受伤了'，烦不烦"。

其实，总是喊着"别人伤害了我，我受伤了"的神经症患者也在伤害着别人。但是，就算你这样对他们说了，他们也不会理解的。

只要是自己的事情，不管有多微不足道，他们也觉得特别重大。在别人看来无所谓的小事，如果别人不把它当作世界上最为重要的事情来对待的话，这些神经症患者就会觉得自己被苛待了。

同等对待神经症患者和心理健康的人时，神经症患者会觉得受到了极不公平的待遇。即便是自己特别小的一个不幸，如果周围的人不把它当作世间的悲剧来对待，他们就会感到不快。

假设神经症患者被划伤了，而另一个人骨折了，那么神经症患者可能会怒不可遏："骨折，至于这么兴师动众吗，都围着他转？"

对于神经症患者而言，与别人危及生命的伤痛相比，自己的划伤更应该被重视。他们会要求别人把自己的划伤看得比那些生命垂危的患者的病痛更加重要，如果别人没这么做，他们就会非常生气。

神经症患者的"自我中心"意识是正常人难以想象的。更令人感到烦恼的是，**当患上神经症后，对于患者而言，他们的划伤确实会让他们感到比别人的骨折更痛苦。所以，他们会觉得"受伤的总是我"。**

对于神经症患者而言，划伤是危及生命的。这件对于心理健康的人来说一天就能忘的小事，却有可能导致神经症患者自杀。

神经症患者所说的"我很痛苦"，这句话是万能的，可以让他们从任何责任中解脱出来。这就是神经症的基本症状，也是被害意识。如果有不能令他们满意的事情发生，那简直"岂有此理"。

神经症患者都是心理上存在问题的。他们总是认为"只有我自己这么痛苦"，"只有我自己"的这种被害意识会让他们感到更加沉重。

心理健康的人一般会想"没出多大问题就好"，还有一些善于应对逆境的人，对现实的接受能力更强，他们内心的从容能够产生能量，减轻负担。

超越现实的神经症倾向的要求

与别人进行心灵的沟通，能够克服以自我为中心的缺点。

与别人进行心灵的沟通，就会自然而然地不再以自我为中心，他人的存在就会自然而然地进入我们的现实视野当中。

如果你与别人达到了心灵的沟通，当你想吃放在那里的苹果时，你就会很自然地想到别人是不是也想吃，就会问他"你吃吗"。换句话来讲，**成年人的以自我为中心，证明了他没能实现与他人有效沟通。**

准确地把握以自我为中心和与人沟通的关系，是我们生活在这个世界上不可或缺的能力。

卡伦·霍妮说神经症患者的诉求具有四个特征，其中第三个特征是无法做恰当的努力，但是神经症患者却觉得自己已经足够努力了，觉得自己做出的努力很正确。虽然他们拼命地努力，但总是无法获得成功。那是因为他们没有与对方实现心灵的沟通，所以并不知道对方想要的是什么。

神经症患者做着对方并不期待的事情，却觉得自己为了对方拼命努力，而对方的反应并不符合自己的期待。所以，他们总是焦虑，人际关系变得更糟。于是，神经症患者越来越不满："明明我为了他这么努力地在做。"

有个成语叫作"对牛弹琴"。对于神经症患者而言，他们并不能意识到他们面对的是一头"牛"，他们只觉得对方是他们自身的延展，这就是所谓的"他者的自我化"。

因此，神经症患者的努力都是以自我为中心的努力。虽然他们付出了比别人多一倍的努力，但是期待却尽数落空。

不满会引发报复心理，这就是神经症患者的第四个特征——存在于诉求背后的报复心理。顺便提一下，神经症患者诉求的第一和第二个特征分别是超出现实和以自我为中心。

所有的努力总是白费是因为无法与对方进行心灵的沟通。只要与对方达成心灵的沟通，那么就能够理解对方期待的是什么。

乔治·温伯格提出了非常重要的一点：强势的人总是弄不清楚对方对自己的期待。不管是和别人还是和自己都没有达到心灵的沟通，所以就会对别人产生超出现实的要求。

对现实的了解，其实和与别人进行心灵的沟通是一样的。所谓现实，就是能够与别人进行沟通。神经症患者就是缺少沟通的能力。

自恋的人的努力

有些人总是觉得"我这么努力"，却"只有我这么痛苦"。事实上，他们没有注意到他们努力的动机是错误的。

某家公司，在新上任的部长的欢迎会上，有一位员工带来了一个巨大的蛋糕做礼物。很明显，这个巨大的蛋糕并不适合做礼物，她其实只是为了听到别人说"这个蛋糕太棒了"才决定送的。

对于部长而言，这个蛋糕是个麻烦，而那个自恋的员工却觉得自己对部长尽心尽力，但是并没有收获预期中的反应。所以，她会产生"我这么尽心尽力，部长连点反应都没有"的抱怨心理，转而怨恨部长。

在这个世界上，有一些人终其一生都在怨恨别人，他们大

多都沉浸于"我付出这么多"的自我陶醉中。而不自恋的下属可能会替部长把桌上花瓶里的水换掉。虽然毫不起眼，但是一定会有人看得到。

这个人可以在自己需要请假的时候申请休假，而且还会被批准。但是自恋的那个下属却不能在自己想休假的时候请到假，然后她就会抱怨部长"怎么总针对我"。

总而言之，自恋的人即便做各种努力也不会获得期待的成果，因为他们看不到对方的心思，没有达成与对方的交流。他们虽然努力，但都是自以为是的努力。结果就是，想要得到某种好的反馈却总是适得其反。

自恋的人热衷于推销自己。但是，对于他们而言，对方只是他们自身的延展，而非与自己有着不同人格的另外一个人，这就是"他者的自我化"。

虽然上述这个员工眼里有部长，但是她眼中的部长并不是一个与她分离的单独存在。

自恋的人往往被理解为自我陶醉的人，事实上他们并没有自我，不存在真正的自我。

人认识别人的时候往往也在认识自己，在认识自己的时候也在认识别人。以自我为中心的人完全不会站在对方的立场考虑，不知道接近自己的人是苍蝇、狗还是鸽子，如果仔细观察对方的话，就会发现对方是毒蛇或者松鼠。

人，从外表来看都差不多，但是内心却完全不同。这种不同并不只是毒蛇和松鼠的区别。

站在别人的立场思考问题的人，同时也在保护着自己。因为当你认真观察接近你的人时，你有可能发现"这个人是一头狮子，我有可能被他吃掉，我得逃走"。而那些无视他人的自恋的人，经常被无德上司利用，总被指派做一些讨厌的工作。这个时候他们就会感慨"受伤的总是我"。

其实，这只不过是因为有心的人会时刻注意上司，不与上司产生过多的瓜葛而已。心理健康的人不会为了刻意讨好上司而努力。

肚子饿了，伸手进冰箱找吃的就好了，可是总有不少人把手伸进了衣柜里。吃一条领带不能果腹，他们还要抱怨"受伤的总是我"。

不抱怨"受伤的总是我"的员工会认真地观察对方。所以他们会在心里明白"这个上司很狡猾"，不与他有过多瓜葛，也不会为难自己去扮演一个上司喜欢的人。

只有用心面对才能收获回报

如果只是嘴上说付出了努力，想要得到回报，那么一般来说是不会如愿的。

当你偷懒的时候，你会清晰地感受到自己的极限，也会感受到年龄导致的体力的极限。

学生在我的学年课程结束的时候，会写出各种各样的感想。比如："这一年非常感谢您，虽然有的时候您讲的一些故事会让人觉得血液都凝结了，但是非常有意义。""虽然周一只有精神分析论一节课，但是我每次都出席，我想今后我会把课上学到的东西作为人生的支柱。"

如果这一年的课我偷懒了，即便最后读到这些感想，想必也不会觉得自己的辛苦得到了回报吧。用心去上课，就能收获努力的回报。这是非常重要的。

全力以赴过，就能够了解随意糊弄的空虚。人活着总是随意糊弄的话，就不会收获感慨万千的回忆。当被别人问到"你做过什么"的时候，甚至没有值得怀念的、可以分享的回忆。

有一些人，甚至忘记了高考或者进入公司的考试，他在情感上没有记住任何东西。身体活着，但心却死了。

让人热泪盈眶的是情感的记忆。

为什么一直努力却没有成果

自恋的人的努力是什么样的？

自恋的人会因为鳗鱼对身体好，就一定要请讨厌吃鳗鱼的人吃鳗鱼，还觉得为对方做了一件特别棒的事。就像为原本不饿的人做烦琐的便当；因为酒是百药之首，所以给婴儿喂酒。总之，自恋的人眼里完全没有对方，没有考虑过自己与对方的关系。

有的人送给富翁钱，希望给富翁留一个"好人"的印象，但是事实上，对方对此毫无兴趣。这个"好人"关心的只是自己，做了一件自以为很了不起的事情，还想着对方一定会感激涕零。

总有一些人，无论怎么努力业绩也得不到提升，这样的人需要反省一下，自己是不是一个自恋的人。得不到成果的努力多是因为努力的时候没有关注对方，努力也仅仅是自以为是的努力。自己扬扬得意，对方却厌恶至极。

此外，自恋的人不清楚自己在社会中所处的位置，不了解自己在周围的人际关系中所处的位置。其实大家根本没有期待他们做出所谓的努力，所以他们的"努力"没有收获成果。

一般来说，当自己讲话的时候，要观察一下对方对自己的话题是否有兴趣，建立在这样的基础上的沟通才是有效的。

自恋的人总是喜欢夸耀自己，还觉得自己的伟大事迹会让别人觉得很了不起。但是，其实别人反而会因为他们的炫耀而讨厌他们。这种理解上的偏差是自恋的人无法理解的，所以长此以往，自恋的人的人际关系会越来越差。他们也会觉得周围没有好人，随之做什么事都不顺手，什么事都不如意，最麻烦的是人际关系怎么也处理不好。

一直自我陶醉的自恋的人会不断重复自己的失败。其实，并非他们没有能力，而是他们看不清现实。

一定要成为主角的人

　　自恋的人不管在哪里都试图成为主角，成为独裁者。

　　对于自恋的人而言，现实中不存在别人，集体就是他们的私人物品。只要自己支配着这个集体，就会为了这个集体努力。虽然他们不具有生产性的能量，但自恋也是其他能量的源泉。

　　这样一来，只要自恋的人觉得集体是自己的，他们就会为了集体努力工作。但其实这并不是为了集体而工作，完全是为他们自己的利益而工作。对于自恋的人而言，这个集体是属于他们的，所以当这个集体不像他们所预期的那样运作的话，他们就会突然失去干劲，变得懒怠。

　　他们之所以能够努力工作，并不是因为他们对集体本身充满兴趣，也不是因为喜欢集体本身，而是因为他们觉得集体是属于他们的。

外向型自恋的人不论做什么都希望成为主角，并非仅仅是"某件事的主角"，而是在所有的领域都希望获得关注。外向型自恋的人是一些爱出风头、喜欢多管闲事的人。

如果一个人不喜欢别人成为主角的话，那么他需要反省一下"我是不是外向型自恋的人"。外向型自恋的人无论什么时候都希望自己是主角，所以最终都会变得非常爱嫉妒。一旦不如他们所愿，他们就会去拖别人的后腿，长此以往就无法与别人顺利相处。

自恋的人对别人毫无兴趣，所以无法避免地变得爱嫉妒。

如果对别人抱有兴趣，就会知道别人为了成功付出了多少努力，就不会去嫉妒成功的人。但是自恋的人对别人没有兴趣，所以也不会看到别人私底下的努力，只会认为"我很努力"，过度赞扬自己的努力。

自恋的人评价别人的努力时总是缺斤短两，表现出他们对别人不感兴趣。

他们也会觉得自己才能卓越，因为对别人没有兴趣，所以也不了解别人的才能，不了解别人的卓越。

如果愿意了解别人，就会知道别人的才能，这样也能更客观地评价自己的才能，能够找到自己的正确位置了。

无论是哪种情况，自恋的人在社会上往往会经历挫折。因为他们从不正视别人，也不会听取别人的话语。

让别人为难的"错误的热情"

一般来说，自恋的人通常选择一些不如自己的人作为交往对象。比如说，患有疾病的人，或者在智力、教育水平、家庭境况等方面不如他们的人。

对于自恋的男性而言，弱小的女性会让他们感受到自己的强大和魅力，不会对他们受伤的自尊造成威胁；健康的女性会让他们感到不适。所以对于自恋的男性而言，弱小的女性特别有魅力，她们的弱小会让他们受伤的自尊感到安全。

其实"受伤的总是我"这句话对自恋的人发挥的作用与弱小的女性是一样的。一直认为"受伤的总是我"，不会让他们受伤的自尊感到威胁。

这个世界上有一种人，通过让对方永远陷入不幸之中来将对方与自己捆绑，然后，还会对对方说"为了你，我付出了那么多"。这样不但让对方摆脱不了自己，还要对对方以恩人的姿态自居。这种情况并不罕见。

这种人试图通过将别人裹挟进自己的世界来解决自己内心中的矛盾，因为这种方式是最简单的。他们拼命把别人拖入悲惨的事情之中，还要感慨一下"只有我痛苦"。

现在觉得活着很痛苦的人，或许他们的人生就是被这种人拖累的，接下来他们也会变成不断抱怨"受伤的总是我"的人，然后去攻击全世界。其实"受伤的总是我"这句话隐藏着攻击性。

有一个老师因为得不到学生们的爱戴而意志消沉，这个只有"热情"的老师就是一个自恋的老师，这种"热情"就是自恋的能量。所以不管他多"热情"，教学的效果始终不好。

这样自恋的人，牺牲着别人却还不自知，反而认为自己为了别人鞠躬尽瘁。所以，无论他再怎么努力，教学的效果只能适得其反。

重要的是，如果一直这样活下去的话，无论他努力做什么都不会有结果。因为比起真实的自己，他更努力地想要去缝补他希望呈现给别人的人设，还要为了让这个人设不崩塌而不断努力。

怀有被害意识的加害者

　　怀有被害意识的加害者对了解别人没有兴趣。神经症患者虽然本身是施加伤害的一方，但却觉得自己是受害者，然后去谴责真正的受害者，还总揪着对方不放。

　　这个世界上总是有很多让人无法置信的事情发生。我们可以理解受害者无法原谅施加伤害的人，但是攻击型神经症患者明明自身是加害者，却不原谅受害者。这对于正常人来说是无法想象的，但是现实中经常会发生这样的事情：受害者被加害者刁难。

　　很多令精神正常的人无法相信的事情时常发生，就像现实当中发生着太多让人无法置信的事情。这是一个神经症倾向非常强烈的世界，虽然受害者是一个正常的人，但是加害者却是神经症患者。

有一个病人患有神经症，医生为他治疗。从一般常识来讲，治疗可以说是成功的。但是，神经症患者怀有超出正常水平的期待，他所期待的治疗效果根本无法实现。这么一来，患者就开始责难医生，并且他还觉得自己的谴责是正义的。

原本应该感谢医生，但神经症患者却憎恨医生，觉得自己是受害者。

神经症患者总是有这样那样的要求。在周围的人看来，他们的要求很过分，但是患者本人却觉得如果自己的要求得不到满足，就是受到了不公平的对待，认为"我受到伤害了"。

比如，他们想和某个朋友和好，但却不付诸具体的行动。然后，他们还要责备对方不和自己和好。

《伊索寓言》里有一则叫作《骆驼与宙斯》的寓言。因为牛总是吹嘘自己的犄角，所以骆驼很是羡慕，希望自己也能有犄角。于是骆驼就去了宙斯那里，希望他赐予自己犄角。骆驼本来已经身材高大，力气十足，却还不知足，还想要原本自己不需要的东西，因此宙斯很生气，不但没有赐予骆驼犄角，反而割掉了骆驼耳朵的一部分。

培养宽容的性格

即便经历同样的事情，气量狭小的人与性格宽容的人做出的反应也有很大区别。**经历同一件事情，性格宽容的人会觉得"真是一次很不错的经历"，而气量狭小的人会觉得"受伤的总是我"。**

性格宽容的人的挫折忍耐力（欲求不满忍耐力）比较强，他们多数成长在宽容的家庭氛围中，总是受到欢迎，被认可，被疼爱，觉得做什么都可以；不会遭受过分的惩罚或者随意的惩罚，不用小心翼翼地随时提防来自父母的雷霆之怒。[1]

性格宽容的人在宽容的环境中成长，成长的同时自然能够

---

[1] 出自《偏见的本质》，戈登·W.奥尔波特著。

学习到沟通能力。总是强调"我没错""受伤的总是我"的人，大多不是在宽容的环境中成长起来的，所以在成长的过程中自然也没办法学到与人沟通的能力。

即便觉得自己是不宽容的性格也不要责备自己，因为责备自己并不能使自己变好。倒不如利用责备自己的时间向那些性格宽容的人学习，学习获得幸福的方法。

性格不宽容的人与心理健康的人相比，或许要经历更多的人生试炼。

气量狭小的人一旦发现事情不能按照自己预想的方向发展，就会欲求不满，感觉自己被深深地伤害了，自己是受害者。只要他们觉得"就应该这样"，那么即使事实上他们自己是加害人，他们也会觉得自己是受害者。

比如，他们提出过分的要求引起了矛盾，却还觉得自己为了他人"都成这样了"，坚持自己不是矛盾的引发者。

总是生气的理山

神经症患者总是希望通过让外界变成自己想象的样子，来解决自己内心的矛盾，所以会有一些超乎现实的要求。当事情没有按照他们的想法发展时，他们就会觉得"这个世界哪里出了问题"。[①]

他们还希望被人按照他们想象的形象高大的自己来对待，并且认为所有的事情都应该按照自己的期望来解决。这么荒谬的要求在这个世界上怎么可能得到满足呢？

周围人的态度是不能让神经症患者开心的。因为这个世界不会把亚军当作冠军来对待；不是明星的人，人家也不会拿你

[①] 出自《神经症与人的成长》，卡伦·霍妮著。

当明星对待。所以，神经症患者总在不停地恼怒。

周围的人会惊讶于他的恼怒，因为不能理解他为什么恼怒，也不知道自己为什么成了他恼怒的对象。周围的人有时候觉得，明明自己很热情，但还是会被责难。

因为那些神经症患者觉得自己"应该"被更热情地对待，"应该"被更重视。而被责难的人无法理解为什么自己被责难，明明已经很热情了。主要原因还是神经症患者总觉得自己"应该"得到更多。

有一个住在狭窄胡同的两家人的故事。胡同里有一家人，他家邻居要新建一栋房子，因为胡同很窄，为了顺利施工，他家的院墙和门都被拆了，可以说损失很大。

可是新房子建好后，搬来的邻居太太还想把自己家再扩大一些，所以认定原本这家的地方是自己家的。房子受损的这家人找来工匠开始修理房子，但是邻居太太却跑来责骂工匠。工匠很是为难，"邻居太太总来，很抱歉我们没法工作"，不得已就走了。

没有办法，这家人只能报警。警察也束手无策，只能对他们说："邻居太太目光凶狠，我们也拿她没办法，请你们找一位律师打官司吧。"

没多久，邻居太太居然还向附近的邻居哭诉"我家吃了大亏"。

虽然"我没错"和"受伤的总是我"存在着程度上的区别，但是本质是相同的。

说这些话的人在现实生活中一直都是加害人，但是总怀有受害意识，这可能是我们无法想象的。现实中他们可能强占别人的东西，贬低别人，伤害别人，做其他不好的事情，但是他们并不觉得自己有错，甚至觉得自己才是"受害者"。

不要总觉得"好痛苦"，而要考虑"我该怎么做"

活得很痛苦的神经症患者不知道自己该怎么做才好，所以总是喊"好痛苦"。他们试图通过诉说，将怨恨的心情吐露，让内心轻松一些，所以总是不停地说"好痛苦""好痛苦"，以致他们的语言都不是用来沟通的了。

尽管他们总是喊着"好不甘心""好痛苦"，却从来不会喊"我该怎么办"。因为喊"好不甘心"的真正想法是想让别人听到他们的诉求，想通过嘴上喊着"好不甘心"来发泄他们的怨恨。

他们还会喊"好痛苦"，但是他们从没想过自己治疗自己。"好痛苦"的心声是"你赶紧帮我治疗一下"。明明很痛苦，但如果别人告诉他们"你这么做试试看"，他们依然会不开心，因为"你这么做试试看"需要他们为自己负责。

他们口中喊着"好难受""好不甘心""好痛苦"的时候，其实并不是在和对方聊天，而是告诉对方"你应该帮助我""你应该替我解决"。

他们认为"好难受""好不甘心""好痛苦"都怪别人，责任不在自己。他们也从不打算自己主动做些什么，只会觉得"我身体不舒服，你就应该带我去看医生，医生就应该把我治好"。他们认为应该对自己健康负责的不是自己，而是别人；他们身体不舒服的责任应该由医生和周围人来承担。

他们就这样长大，然后渐渐被社会疏离。**对于他们来说，好像还在经历可以不负任何责任的幼儿期。虽然成了大人，但是他们人生的思维方式还停留在幼儿时期，心理上还是一个孩童。**

因为没有成为一般社会意义上的大人，所以他们在总是经历挫折之后就会患上神经症，或是犯罪，或是酗酒，或是嗜赌成性，或是患上抑郁症，或是躲在家里不愿出门，又或是对药物产生依赖。他们始终不愿意为自己的人生负责。

第四章

释放不断隐忍的自己

在治愈型的人际关系中获得能量

总是渴望被爱的人容易迷失自己，丧失自我。因为他们无法和他人达成有效沟通，所以就不能和他人形成不断给予和不断获得的关系。

有的人认为被爱就会幸福，所以一直渴望被爱。事实是，当你渴望被爱的时候，就会无限地产生让别人为你付出的诉求，"我需要他这么做""他要那么做""他应该这么说"。

但是，这个世界上没有任何一个环境可以满足这些无止境的要求。这样一来，这些人就会理所当然地产生不满；一直忍耐这种不满的话，心里会慢慢滋生怨恨，从而对周围的人，特别是对亲近的人产生怨怼情绪。

总是希望通过扮演非自我的角色来获取别人的爱的人，会丧失爱别人的能力。关系终将难以维系，面临崩溃，即便勉强维持，也不过是迷失了自己而已。

倘若能明白这一点，人的内心将得到成长。人通过这样的觉悟来打磨内心，就像通过不断正视不愿看到的现实来成长，在真实的沟通中，通过碰撞来拓展通往彼此内心的道路。

人与人之间的交谈可以分为展现自己的交谈和隐藏自己的交谈。

当你隐藏自己的时候，通往彼此内心的道路就会越来越窄，生活的正能量也会流失。

因为不停地隐藏，导致一些琐碎的事也会让你感觉很重大。随着你隐藏自己越来越多，你和别人在一起的时候总是战战兢兢，备感疲惫。这样一来，人际关系无法治愈你，只会让你感觉焦躁。

人需要通过建立治愈型关系来获取生活的能量。如果不存在这种治愈型关系，人的生活就会缺乏能量。

通过隐忍获取爱的人，会因为没有自我价值感而痛苦，所以在其他方面就会变得希望第三方肯定自己。比如，不断隐忍对方的夫妻就会特别希望自己的孩子感激自己。

勉强自己接受对方的一切来获取爱的人，会变得越来越不像自己，也会丧失活着的真实感。

"应该"的心理在不断地让人痛苦

怀着想要被承认、被接受、被爱的心情，觉得"必须这样""应该那样"的人，其实在自我折磨。卡伦·霍妮提到过"应该"这个暴君。

被"应该"支配的人，是丧失了生活能量、被心灵奴役的人。这类人可能从小与父母的关系就不和谐。父母与子女间缺乏自然的沟通，会导致孩子过早地感受到恐惧。

有些人觉得活着很痛苦，是因为他们总是勉强自己通过伪装来获取爱，导致丧失了自我；又因为已经丧失了自我，所以不具备爱别人的能力。**爱无能，会让人陷入一种恶性循环。**

爱无能的人通常认为自己不努力的话就得不到爱，这其实是一个很大的误解。我以前写过一本叫作《不勉强更容易获得爱》

的书，我想表达的是：**勉强自己活得不像自己，就会失去魅力，优秀的人也会与你渐行渐远。**

觉得活着很痛苦的人是只关注自己，以自己为中心来看待事情的人。无法做到以他人视角看待问题，看待周围的事情，结果就会变成感觉"只有我这么痛苦"，而后去怨恨世界。

活得痛苦的人，活在当下已经感到精疲力竭了，内心也就逐渐失去了考虑别人的那份从容。结果是，失去了与别人进行心灵沟通的机会，也就无法获得持续向上的生活能量。最后，他们感受到的只有"活着很痛苦"。

那么，那些活得精疲力竭的人到底为了什么在拼命？——为了得到别人的认可，而去扮演一个不是自己的自己。也因为这样，他们丢失了自己的目标，变得不知道自己真正要追求什么。

那些活得精疲力竭，还勉强自己迎合别人的人，只是浑浑噩噩地活着，不清楚自己的生活目标。

没有人会真的因为鞋带断了就自杀。只是因为在那个时刻活着已经让他们精疲力竭了，他们没办法耗费任何一点精力再去做任何事情。杯子只要装满了水，那么再滴进一滴就会溢出来。

有一个小学生不想去学校，但是又知道不能不去，所以就出门了。碰巧中途下起雨来，他因为没有带雨伞，所以就以此为借口直接回家了。

其实没带伞并不是他决定中途回家的理由，因为在下雨之前他就已经"不想去学校"了，这才是他没去上学的真正原因。

活得痛苦的真正原因是放弃了做自己。

告诉自己"不被认可也没关系"

　　为什么会变成放弃了做自己？这是因为在小的时候，在还没有任何能力的时候，他们为了活着就必须要获得别人的认可，因此造成了恐惧感。

　　他们长大后，有一定能力的时候，没有意识到与别人接触能够获得活着的能量，所以就还做着自己讨厌的事情，仍然在消耗着自己的生命力。

　　就拿约会来说，和讨厌的人约会，会感到很不舒服，无法产生活力。就像兔子照着鹿的样子活着，当兔子独处的时候就会很难过，装成一只鹿终究不过是为了符合鹿的期待而已。

　　事实上，每个人都拥有超乎自己想象的能力，阻止这份能力发挥的是你现在的不安与紧张。当你真的觉得输了也无所谓，落榜也没关系的时候，你真正的实力才会发挥出来。

成绩糟糕也没关系，这样想的话就会放松，反而能够发挥出实力来。有些人总是错误地认为自己没有能力，是因为他们一直被人吓唬"成绩不好的话就完蛋了"，成长在这种氛围中。

当你觉得"放弃这段时间，浪费了也没关系"的时候，才能真正放松下来。就像这句话：你放弃挣扎的时候，海水反而把你托起来了。但是，抑郁症患者往往无法真正做到放弃，他们习惯执着于当下的事情。

当你抱着即便不被人喜欢也无所谓的心态时，你就会发现真正的自己。

抑郁症患者觉得不能得到别人的认可就会很糟糕。实际上，哪会有什么糟糕的事情发生？真的发生点什么的话，无非就是不太受某些人的欢迎而已。总结起来说，就是问题出在抑郁症患者渴望得到认可的心理上。

当渴望被认可的心理消失的时候，身心都能够很放松。

担心工作被替代或者觉得地位岌岌可危的人，总是按照上司的脸色行事，丢掉了自尊，迷失了自我。当你觉得现在的位置丢掉也无所谓的时候，你就会找回自尊和自我。

从今天开始努力去发现自己真正喜欢的东西，比如去发现喜欢的食物。

一直被"得不到别人认可就活不下去"这种恐惧感支配的人，从来没有遇到过能够心灵相通的人。

借用《伊索寓言》的形式来讲就是：不知道自己是一只猫的猫总是模仿狗，但是又不能像狗那样开心地玩耍。所以猫又去模仿狐狸，结果也是不尽如人意。这个时候来了另外一只猫，不知道自己是猫的猫开始模仿猫，这一次它玩得非常开心。这只猫不禁觉得——"做只猫可真好"。

不要接受母亲的依赖心理

　　孩子不听话，母亲就会在脸上写满埋怨："我这都是为你着想呀！"母亲总是自以为是地努力爱着孩子，孩子达不到期待值时，就会责备孩子："我这么爱你，你为什么不听我的话呢？"

　　这样的母亲觉得自己都是为了孩子好，但实际上她只是把自己未达成的愿望投射到孩子身上而已。孩子成了母亲愿望没有达成的投射对象。

　　在这种关系之中，孩子会形成一种恐惧感，认为人活着就必须得到别人的认可。

　　当一位母亲说"我都是为了你好"的时候，一般来说，这位母亲在家庭和工作方面都不如意。比如，她和丈夫的关系不睦，并且可能她自己还没察觉到。当然，她的愿望未达成不一定是因为和丈夫的关系不好，也可能与其他的人际关系有关。

这位母亲的情绪很不稳定，经常感到焦躁。但是，她觉得自己焦躁的原因来自孩子，于是就将责任转嫁到了孩子的身上。

基本可以说，这位母亲焦躁的原因来自"理想的自己"和"现实的自己"之间的差距，来自她自己的依赖心理和自尊感未满足。因此，孩子从母亲那里知道了"恐惧"这个词。

当然，也可能存在相反的情况。母亲从深爱的孩子那里获得了能量，孩子也能够学到重视自己的活法。这样一来，不论是对母亲还是孩子而言，彼此之间达成了心与心的交流，形成了治愈的关系。

幼年时期，有的孩子学会了与他人建立心的交流，有些孩子则形成了恐惧感。形成了恐惧感的孩子就像前面提到的那类人，为了得到爱总是强迫自己表现得很好。

通过勉强自己来获得的爱根本无法让内心得到平静，可是他们却还要勉强自己去做，希望通过被爱来治愈内心的伤痛。

他们只学到了这一种"治愈"内心伤痛的办法，结果在成人以后却发现无论如何努力都得不到成果，甚至这些努力让事情变得更糟糕。这是因为他们早已形成了恐惧感，他们没有体验过爱。

最能够帮助孩子成长的方法是让孩子对自己的能力建立起信心。① 总是强调"我都是为了你好"的母亲并没有帮助到孩子，反而在阻碍孩子的成长。而这类母亲并没有意识到"我都是为了你好"不过是她们自以为是的爱而已。

---

① 出自《人生的动力》(The Drive for Self)，爱德华·霍夫曼 (Edward Hoffman) 著。

"好孩子"的认真会把自己赶入困境

不管是谁看到不停诉苦的人都会觉得"这个人好讨厌"，没有人会觉得这样的人是"正常人"。

所以，这类人即便受到了挫折，人们也不会感到惊讶，不会产生理解。扮可怜、过分认真，其实都是吸引人注意的手段。

你怎么看待通过诉说自己可怜来获得别人关注的人呢？他们讲了太多自己不幸的故事，这就是陷入了乔治·温伯格提出的"自我怜悯"。他们总是强调自己多可怜，却从来不提"今后我该怎么做"。

有人觉得这样不断诉说自己可怜的人总会遇到转机，也有人觉得只要认真就一定能有办法。这两类人都觉得只要那么做了就一定会有人爱护他们，保护他们。其实这两类人都是被动的，他们缺乏通过自己的能力去开拓人生的意愿。

认真到以至于患抑郁症的公司职员总觉得如果自己不认真就不能吸引别人的注意。他们的认真是为了获得别人的好感和认可。同样，不断诉说自己可怜的女性也觉得如果不诉说自己的可怜就不能获得别人的注意。其实相信自己的人不会觉得有吸引别人注意的必要。

归根结底，问题在于容易受挫折的"好孩子"的认真到底为了什么。

容易受挫折的人的认真并不是为了达成自己的人生目标，他们希望通过表现得认真而博取别人的爱。他们表现得很认真的时候，其实心里一直在喊"爱我"。就这一点而言，这与每天诉苦的女性是一样的。

而就容易受挫折的过分认真的公司职员而言，他们认真工作的主要目的是获得公司的认可和保护。

日本公司的职员都很认真，但其实他们内心对公司有诸多不满。他们为了得到公司的保护一直都非常认真，但是最终并没有获得所期待的保护，因此他们变得不满。更有甚者，因渴望公司给予他们关爱而患上神经症。这些人觉得，自己已经为公司贡献这么多了，公司应该更加优待自己才对。

当然，他们工作热情、认真，不光是希望获得别人的好感，受到别人的喜爱，寻求别人的保护。在这些动机之外还有别的动机。

那就是在内心的最深处，他们不觉得自己值得被爱。也就是说，他们希望通过获得别人的好感，受到别人的喜爱，来证明他们是值得被爱的人。**他们对自己感到绝望。所以，为了获得爱，他们去努力工作，这就是所谓的"忧郁的热情"。**

这种努力也不过是一种手段，用来避免体会自己不是个值得被爱的人的苦涩。为了避免感受不被爱的孤独感，他们努力、认真地工作。

有的公司职员非常在意社会评价，所以行事非常认真；也有的公司职员很要面子，为了不让自己成为笑话而努力工作。对他们而言，认真工作是最安全的。

为了让自己不陷入成为别人笑柄的不安中，他们才变得认真，这就是逃避型的努力工作。这类努力工作的人与因热爱而努力工作的人是不同的。

不要为了讨好别人而委屈自己

有些人因为希望获得爱、喜欢、保护甚至同情而认真做事，也有些人试图通过夸大自己的缺点来获取爱和喜欢。

对于"好孩子"而言，最重要的是弄清楚自己现在想要做什么，成为一个能够决定自己做什么的人，不再为了让别人喜欢而勉强自己。

想要做到这点，首先需要理解自己的孤独感。"好孩子"要注意，你活得这么痛苦不是因为周围的环境状况，而是因为自己的孤独感，所以才会考虑如何能被人喜欢，以致迷失了自己。

"好孩子"总是为了被别人喜欢而过分委屈自己，就像公司职员接受一份超出自己能力范围的工作，最后把自己都赔了进去。

之所以觉得"我一直认真地活着，拼命地努力，可为什么从来没有一件好事发生，有的只是无尽的痛苦"，那是因为你迷失了自己。"好孩子"确实一直在拼命地努力，但是他们到底是"为了谁"在努力呢？这委实需要认真地思考。

一定不要为了别人的幸福而拼命努力。

有时候"老好人"在自己很忙的时候还要挤出时间和别人见面，但是，因为害怕拒绝会让对方不高兴才勉强见面，那并不是出于对对方的关怀，不过是害怕自己被别人讨厌而已。

幸福的敌人，就是用这样的方式保护伪装的自己。

不要轻易说"好"

"好孩子"总是勉强自己表现得十分热情，总是直接行动，不考虑自己做的事情会产生什么样的后果。

现在向对方说"好"，但是并没有考虑到之后这将成为自己的一个巨大负担；完全不去考虑现在对对方笑脸相迎，这在今后会让自己出现多大的消耗。所以，"好孩子"才总是会因此产生负担，将与对方的交往变成讨厌的事情。

"好孩子"的眼里总是看不到对方，完全不会考虑当自己说"好"时对方的想法。或许，对方只是随意提一下，即便你拒绝了，对方也不会觉得怎么样。但是"好孩子"却习惯性地说"好"，然后让自己背上沉重的负担。

对方并没有极力拜托你，只是尝试着问了一下。所以，即便"好孩子"背上压垮自己的负担，为了对方而努力，很多时候对方也并没有觉得感激。

对方即便得到了"好孩子"的帮助，可能也并不会特别感谢他。这时候，"好孩子"就会变得不满。所以，那些表面上十分热情的人，或许正对别人怀有很大的不满，因为总是得不到预期的感谢。

为了让别人喜欢自己而刻意做某些事情的话，是不会获得期待的效果的，甚至可能会适得其反。

如果你原谅了别人的施虐行为，那么即便努力你也不会得到回报。卡伦·霍妮说，自我蔑视的人总会原谅别人对他们的施虐。因为他们自身在内心深处认同被虐待这件事，他们认同自己被当作傻瓜一样对待。

因为自己蔑视自己，所以当别人对他们好的时候，他们会感到不适，所以总是为坏人鞠躬尽瘁，而远离那些善良的人。他们愿意被厚颜无耻之人当作冤大头，主动地被那些不真诚的人利用。

自我蔑视的人容易被利用，被欺骗。"我一直认真地活着，拼命地努力，可为什么从来没有一件好事发生，有的只是无尽的痛苦"，其真正原因就在这里。

觉得活着痛苦的人大概真的在拼命地努力，但是他们到底是在为谁努力呢？——为了那些他们内心深处鄙夷的人！

不要搞错自己的位置

也许你现在所处的位置是错误的。

借用提出"职场倦怠"这一概念的赫伯特·J.费登伯格（Herbert J. Freudenberger）的话来说，就是有人上错了船，还在拼命地划着桨。

海龟爬进沙坑，十分愤怒地说："我这么辛苦，都没有人帮助我。"其实是海龟搞错了自己的位置，但它自己没有注意到。

那为什么不把自己解放出来？这是因为"我想给你的印象"和"真实的我"是不同的。希望被喜欢，但是害怕解放"真实的我"后会被讨厌。

"为什么只有我这么痛苦？"那是因为你弄错了自己应该在的位置。海龟上了陆地，那是海龟的自我异化，海龟变得不是海龟了。

自我疏离的人会不断诉说"为什么受伤的总是我"，但做无用功的人并不都是自我疏离的人。

一位 45 岁的离异女士，孩子们跟丈夫生活。她提出的离婚理由是"丈夫有外债"，并且丈夫不告诉她借的钱花到了哪里。

离婚后，她开始了和另一位 45 岁男性的同居生活。20 岁的儿子和 18 岁的女儿则和前夫一起生活。自从她离开家以后，女儿一直承担着妈妈的责任。过了不久，女儿对她说"我受不了了"。

我问这位女士："为什么孩子们会选择和背着债务的父亲一起生活呢？"她告诉我，因为孩子们说"希望还和原来一样，不希望家里发生改变"。

我又问过她几次"为什么离婚"，她补充回答说，因为丈夫从来不帮她抚养孩子。这句话很奇怪。因为如果是她讲述的那样，那为什么孩子们在父母离婚后，愿意和父亲在一起生活，而不是和母亲一起搬出来呢？

缺失自我的人

那位女士的言辞中有诸多矛盾之处。她说"20余年的婚姻生活积蓄了太多的不满",说"刚结婚的时候有思考过家庭是什么",说"很讨厌这个家"。

离婚一年后,再思考的时候她说,她原先认为自己必须是一个合格的妻子,这带给她很大的压力;明明"应该"这样,但是自己却做不到。她的想法让她没有对生活的满足感,内心也从未被满足过。她的内心深处是希望得到孩子们和丈夫的爱的。

我们来看看她的过往是怎样的。她是家里的长女,有一个弟弟。从小她就乖巧懂事,是一个"好孩子"。小时候,她想拉着母亲的手和母亲一起走,但是母亲总是拉着弟弟的手;她讨厌学校,不愿意去,但是她不得不每天好好上学。

成年后的她在心理上有很多童年未得到解决的问题，这些问题导致她虽然结了婚，却无法胜任妻子和母亲的角色。

她一直觉得自己必须努力，一切都是为了孩子们。但是孩子们总是想做什么就做什么，她为此时常烦恼，感觉孤单、懊恼，不知道自己如此辛苦是为了什么。事实上，她心底并不喜欢孩子们，甚至讨厌他们，由此她才开始烦恼。

她总觉得"为什么所有事都得我一个人做"。她觉得孩子们总是做一些任性的事情，因此对他们越来越不满。实际上，她在心理上并没有成为母亲，而且她也找不到自己的立场。

她从小就是一个"好孩子"，不被允许任性，但是自己的女儿总做一些任性的事，因此她在潜意识里甚至还有一点羡慕女儿。她在赋予女儿总是任性的性格的同时，又会责备女儿。因为她嫉妒女儿能够任性，所以又会责备。

女儿认为给自己花打工赚的钱是对自己的奖励，她则会说"我从来没有得到过别人给予的奖励"。

她与现在同居的男性也不能和睦相处。她觉得自己已经无容身之地了，因为事到如今也无法再回到前夫身边。

其实，如果她是一个宽容的母亲，觉得"女儿不用像我小时候一样，可以做自己喜欢的事，真好"，那么她就有了容身之地，而不是女儿买了一点东西她都觉得"怎么买这么多"。如果她是一个觉得"我的女儿非常棒"的母亲，那么现在的她也不会把自己置于如此境地。正因为她不是这样的母亲，所以才把自己放到了现在的位置上。

一直以来，她都是一个没有被爱过的女性，所以她也不懂得如何去爱丈夫和孩子。现在的她，有时会对让女儿代替自己照顾家人非常抱歉，觉得女儿受到了委屈。但是，导致这个结果的就是她本人。

一般来说，当丈夫出现债务问题的时候，都是妻子把丈夫赶出家。而像她这样自己离开家的女性，是因为觉得逃离家庭能够让自己获得一些别的东西。

她在内心深处觉得"不带孩子会更轻松"，她把这种真实的情感从有意识放逐到无意识当中。她想让自己觉得"我是因为丈夫欠债才离婚的"。以丈夫欠债为理由将离婚合理化，这是她给自己的好听说辞。不满"孩子们总是很任性"也不过是一种转嫁而已，即将过去的不满转嫁到了现在。

她不过是想任性一回，但还想让自己在别人眼中是一个"好孩子"。

当你承认痛苦的原因时，你会变得轻松

　　如果她承认了"我很任性，丢下丈夫和孩子去和喜欢的男人在一起"，虽然很痛苦，但是她的人生道路会开阔起来。**承认现实会很痛苦，但是痛苦也意味着救赎和解放**。而她却用"因为丈夫欠债才离婚"来替代真正的离婚原因，逃避了痛苦。

　　像这样选择如此的方式来逃避痛苦，她无论到什么时候都不能摆脱离婚这段过去，永远也不能通过承认现实获得救赎和解放。她始终没有意识到自己肩负着母亲和妻子的责任，这就是精神科医生贝兰·沃尔夫所说的"心理障碍"。

　　她谎称自己离婚与现在同居的 45 岁男性没有关系，她在为不破坏自己的形象而努力。但是形象有什么意义呢？这种带有

"心理障碍"的努力通常都是无意义的努力。

从小时候开始扮演"好孩子"到现在的 40 余年间，她一直在重复着这种无意义的努力。在当今这个消费社会里，有太多的人做着这种努力。

贝兰·沃尔夫曾写下对于"心理障碍"患者的 10 条规戒，"可能有神经症倾向的行为以及神经症患者的行为都具有 10 条主要特征"，其中第 9 条是徒劳无益。①

贝兰·沃尔夫举了一个例子。有一位妇人深吸了一口气让自己的腹部鼓起，然后让自己的丈夫误以为自己怀孕了。事实是她并没有怀孕，她让丈夫产生误会是毫无意义可言的。

患有神经症的人往往不是为了自己的幸福而努力，而是为了让别人认为自己幸福而努力。他们觉得无论自己被自卑感折磨得如何痛苦，只要别人以为他们有自信就好。他们不想努力成为一个有自信的人，但是却愿意为了让自己看起来有自信而拼命。这正是徒劳无益的努力。

人陷入困境时往往会做徒劳无益的努力，但是越是做这种努力，处境就会越糟糕。

---

① 出自《如何才会幸福》（*How to Be Happy Though Human*），贝兰·沃尔夫著。

接受自己的人生

　　神经症患者总是认为"我不应该因为这些事烦恼，我不应该因为这些事为难"。当他们感到烦恼、为难的时候，总是不由自主地责备周围的人。[1]

　　对自己的人生负责，就是接受自己的命运。人无法决定人生境遇，所以当你面对被赋予的命运时，接受就是开始为自己的人生负责。

　　总有一些人的人生似乎被诅咒了，也有另一些人的人生仿佛获得了更多眷顾。**"当我们阅读伟人传记的时候，就会发现，天才总能从自己生于烈焰的人生中获得感悟。"**[2]

---

[1]　出自《神经症与人的成长》，卡伦·霍妮著。
[2]　出自《如何消除内心的烦恼》，大卫·西伯里著。

不论是过得如置身烈焰，还是过得太平安稳，不论人生的开端是怎样的，**我们最先需要学会的就是接受自己的人生，只有这样才能找到自己的价值，活出独一无二的自己。**

无缘父母之爱的人，要告诉自己"我是被神明爱护的"。身处逆境之时内心所蕴藏的力量就是上天的赐予。这种力量很巨大，我们会在其中感受到活着的深层意义。

就算你哭着喊着"我不想要这样的人生，我厌恶这样的人生"，又有什么意义呢？不过是于事无补！

总喊着"厌恶""讨厌"，最终或许只会让自己加入类似邪教的组织。"难过""不甘""痛苦"，这些声音只会让你聚焦于自己因依赖性、自恋以及神经症倾向而生的诉求。

当你意识到这一点的时候，这些负面的情感反而可能在你今后的人生中发挥积极的作用。

接受现实的自己

寻找自己的生活目标——想画画，想去某所大学，想看野鸟，想建造一座房子，想去一个地方旅行，想尽快升职成为课长……什么都可以。

当目标的实现受到阻碍的时候，人会变得不满。事实上，有些目标可能从一开始就不适合某个人。幸福的人生需要有一个适合自己的目标。

想找到适合自己的目标，需要唤起对现实的兴趣和关心。缺乏对现实的兴趣和关心的人，总会有超出实际的目标，比如想买自己的工资支付不起的高级车，现实是他做不到，因此这个人就变得欲求不满，虚荣心增强。

其实，他潜在的可能性还没有被开发出来。他不在意"我想怎么做"，而是去注意别人都是怎么做的，与别人攀比。他不重视"我想这样做"，而是更重视"我想看起来是这样的"。

这其实是消费社会的一个本质性的问题。即使自己并不喜欢车，但是看到高级车还是会觉得"太棒了，我想买"。而当欲求得不到满足的时候，就会攻击坐在高级车里的人——找碴儿，将人家的缺点夸大，向外广泛传播。

有些公司职员总是希望能够出人头地，却不知道自己的愿望缺乏实现的基础。所以到头来，终是竹篮打水一场空。随着希望的破灭，他们转而去盼望那些出人头地的人变得不顺，去散播他们的丑闻。

这就好比邻居家的生活比自己家富有，本来是由于自己与邻居以往付出努力的不同所导致的，但是自己却不能接受现实，总是找邻居的碴儿。

因为不能接受现实，不能接受现实的自己，结果迷失了，似乎别人对自己而言才是异常重要的。

我们用童话故事来复述一下这个道理。次郎总是感慨自己的不幸："我为什么不能像太郎那样顺利地出海钓鱼呢？"次郎眼里只有太郎和人家的鱼竿，而没有"出海钓鱼的目标"。所以他不能像太郎那样顺利钓鱼，然而他还抱怨"为什么总是我这样"。

当你想要说别人坏话的时候

"让他失望""打败他""让他伤心""去给他捣乱"，这些其实都是将自己的欲求不满发泄到别人身上的表现。[1] 长此以往，会丧失自我，走上自我疏离的道路，无论外界如何都只觉得"受伤的总是我"。

如果内心缺少支撑，不管现实人生如何，都会觉得"受伤的总是我"。

"攻击是欲求不满初期非常典型的反应，所以如果不对欲求不满进行干预的话，就会发生攻击别人的情况。"[2]

---

① 出自《欲求不满与暴力》（*Frustration and Aggression*），约翰·多拉德（John Dollard）、尼尔·E.米勒（Neal E.Miller）等著。

② 出自《神经症与人的成长》，卡伦·霍妮著。

不开发潜在的可能性，而是不自量力，树立一个难以企及的目标，这个目标就会成为制造麻烦的机器：攻击这个，攻击那个；说这个人的坏话，找那个人的碴儿；一天 24 小时不停地发散着不满。

当你想要说别人坏话的时候，首先要思考一下自己欲求不满的根源所在——你的目标是否是合适的目标。

原本应该感恩能够获得这样的生活，但有很多人却是不满的态度。原本现在的工资就是自己应得的，可是要和别人攀比，从而嫌自己的工资太少，越发不满。

明明被公平对待，却还有一种不公平感。这样的人不管对上司还是对下属都不满，甚至对整个公司都满是怨言。而且，他也没有意识到自己对自己的不满。

明明身体健康却不知道感谢健康，还要去抱怨一切。

你所在的地方不是战场

有时候，你的问题出在你与周围人的关系上。

"他是一个恩将仇报的人"，但这只是周围人认为的，或许他本人并不这么觉得。也就是说，事实上他受到了恩惠，但是他本人并不那么觉得。

甚至，他根本不理解什么是恩惠。他不清楚自己的位置，总觉得自己应该是被完全给予的一方。原本已经受益颇多了，但他觉得还应该更多些。

卡伦·霍妮曾经说，有神经症倾向的人总是认为，全世界都应该为他服务。如果他还是个孩子，这没什么不可思议的。但是，当他的身体已经成为一个大人时，从社会意义上说，这种态度就是不可理喻的。有神经症症状的人，可以说是还没有从幼儿蜕变为大人的人。

神经症患者会恩将仇报。"恩将仇报"是对事实的描述，但他们本人或许还会觉得自己受到了不公平的对待，怨恨施恩于自己的人，认为对方应该为自己付出更多。

神经症患者憎恨全世界，他们总是有神经症倾向的要求，也就是超出现实高度的要求。如果身边有这样一个人，那真的是难以忍受。

那么，有神经症倾向欲求的人到底该怎么对待自己呢？了解这个问题之前，请先问问自己，从儿时起，真实的自己是否被爱过。

答案很明确，没有被爱过。因为没有被爱过，所以成了一个有神经症倾向的人。所以，他们应该下决心热爱真实的自己。

他们的内心世界，从小时候开始就是战场。他们出生在战场，成长在战场。当他们长大后，那里却已经不是战场了。**从真正的战场归来的人，是一名战士；但是从心灵战场归来的人，却不然。**

他们应该去理解自己："我是一个从战场归来的战士，因为战场的压力我的大脑可能出现了一点问题。"这样想的话，他们的人际关系就会好转。解决的办法就是改变自己。

第五章

不会令人痛苦的「待人的距离感」

没有苦难的人生并非就幸福

人之所以弄错自己的活法，是因为对痛苦、愤怒等负面情绪的错误态度。**选择用错误的态度面对痛苦，是不会从痛苦中得到解放和救赎的。**

为了摆脱痛苦的人生，需要时刻保有问"为什么"的意识。比如"为什么别人和我不一样，都很幸福呢"，保持这样的疑问，在自己身上找找答案。

战胜苦难的人生是幸福的人生，没有苦难的人生并非就一定是幸福的人生。

蚂蚁在搬运东西时，即便重量和距离的难度在我们看来并不大，但就努力这一过程而言，蚂蚁要胜过大象。不要搞错自己到底是蚂蚁还是大象。

如果弄错了这一点，我们就不能发现自己伟大的地方，终其一生都活在嫉妒和怨恨的不幸中。

在充满爱的环境中长大的人与在缺少爱的环境中长大的人，他们的内心是完全不同的，但这并不意味着人生是注定的。

不管是成功的人还是失败的人，他们在人生进入瓶颈期的时候都容易只注重结果。只看结果，每天光感慨，生活是不会发生什么改变的。只是使性子嚷着"没有人理解我"，什么都不会发生。

吐露心声也要有限度

通往幸福的路上，缺乏对人际关系来说至关重要的距离感是怎么一回事呢？当你对着一个关系并不是很亲近的人说"我想死"的时候，会怎么样？或者跟一个关系不怎么样的人说"那家伙真让人来气"，又会怎么样？你把吃了一半的冰激凌突然递给别人，告诉他"给你了"，对方会是什么反应？

虽说与人亲近是好事，但是面对只见过两次面的人，你突然上去拍他的肩膀，跟人家说"嘿，你呀"，对方会是什么反应？心声的吐露程度应该根据人际关系的亲疏远近而不同，有时，适当地选择一些场面话才是符合社会性的行为。

总是因为无法与人变得亲近而烦恼的人，都是一些拿捏不准人际关系距离的人。换句话说，就是把握不好吐露心声的尺

度的人。

真心话本是直来直往的，如果把说真心话比作下雨，有时候因为下雨过量，也可能会暴发洪水。

同理，酒后吐真言是非常危险的，吐露心声一定要在清醒的时候。

人本身就是一个矛盾体，所以每个人都有内外两面。

在某个人面前能够释放真正的自己，那么这个人一定是能让你放松警惕的人，但是这种人并不会太多。

带刺的心声，带棱角的心声……心声也有很多种。在把握尺度吐露心声的过程中，才有了人际关系中圆润的心声。

土居健郎在《表与里的精神病理》中提到，在社会生活中，想要适当地保持与人交往的距离，需要形成表与里两条轨道或两个层次。当你因为别人的言行，心理受到巨大的影响时，说明你没有与这些人保持适当的距离。

做好"被拒绝很正常"的觉悟

土居健郎得出一个结论：不能分清自身表与里的人是非常脆弱的。可想而知，这样的人一旦承受一些压力的话，精神就非常容易受挫，甚至出现精神错乱的情况。

一个人如果不存在表与里的话，抗压能力就很弱。如果他本身不明确自己的表与里，就会认为对方所说的话也不存在表与里，就不能在理解对方的话时，把握对方说话的真诚程度，还可能会把对方的客套话当真。

因为区分不出来哪些话不需要当真，哪些话需要认真对待，所以把握不好与人的距离，对方说什么都可以直击心灵。

我在电台做《人生问题咨询》节目时，经常有一些女性打来电话说没法和丈夫沟通。她们一和丈夫说话，丈夫就发火，所以夫妻间总说不上话。

其实本来可能只是爱人间的一些小抱怨，完全可以不当回事，但有一方却揪住不放，甚至把问题上升到对方的思考方式上，总是试图教育对方，或者让自己变得极其愤怒。

还有一些人，对方只是出于客套说了一些尊敬的话，但是他们会把这些话当真。

一些缺乏明确自我认识的老师特别单纯地认为大家都尊敬自己，他们不知道如何适当地应对。如果从心里觉得被尊敬能让他们幸福，倒也无可厚非，但他们有时并不能如此。

比如，对一些关系并不是很亲近的人，他们会要求人家对他们付出更多的热情。如果得到的回应没有达到期待值的话，他们会觉得自己被拒绝了，觉得那些人对自己不友好。

即便对方并不是在拒绝，他们还是认为自己被拒绝了。即便他们提出的是任谁提出都会被拒绝的请求，被拒绝时，他们仍然觉得拒绝是专门针对自己的，并对此感到非常失落，然后怨恨对方。

对一些没有深入交往的人，在提出要求之前，他们可能会寻求对方不可能做到的理由，试图理解对方。但是当期待落空时，他们又会觉得"没有人理解我，我没办法让别人理解"。

一个被拒绝是情理之中的要求，换作谁提出都会被拒绝，但是不懂得人际关系距离感的人却会因此而恼怒。

真心话本身无所谓好坏，它的好坏取决于与对方的关系。吐露心声的程度必须要根据与对方关系的距离来区分，做不到的话就会伤害到彼此。

懂得人际关系距离感的人，通过吐露心声增进人际关系，但并不是跟谁都吐露心声。拥有正确的自我认识能够与人保持适当的距离。

把握不好与人的距离会出现两种情况：首先，受到他人影响的可能性极高；其次，很难进行心情的转换。

很难进行心情的转换，即总是被一种情绪支配。心理年龄停留在幼儿期的大人不知道，他们的情绪非常容易被影响，容易被支配。

如何缩短心与心的距离

我们经常提到的与某个人的距离，指的是心理距离，并非空间上的距离。

那么，心理上的远距离是怎么定义的呢？有些人即便在一起工作了十年，但他们从没有进行过心灵上的沟通。还有些人，即便彼此是有血缘关系的亲人，却从不会进行内心真实想法的沟通。

德国精神病学家胡贝图斯·泰伦巴克（Hubertus Tellenbach）提出了一个概念：与身边人的内在距离。[①] 意思是指一个人心中有一个他自己不知道的领域，即一片很大的意识盲区，这个时

---

① 出自《抑郁症》（*Melancholie*），胡贝图斯·泰伦巴克著。

候他与自己没有达成沟通，因此也不可能和别人形成良好的往来。他与别人之间因他的意识盲区而存在无法消解的距离。

不了解自己的人也让对方无法忍受。特别是父母与子女这样亲近的关系，孩子很容易因为父母患上神经症。

父母向孩子撒娇，可是父母却不自知，这就是英国精神分析学家约翰·鲍比（John Bowlby）所说的"父母与子女的角色颠倒"。这对孩子而言是最难接受的关系，处在"父母与子女的角色颠倒"关系中的孩子容易患神经症。

父母与子女双方各自没有意识到的领域非常大，也就是，双方的意识盲区很大。这种情况下，父母与孩子的距离就好像地球到月球的距离。

心理上，亲近的距离又怎么定义呢？这是指能够读懂对方的心情，知道对方想要的是什么。这种情况多数发生在双方对自己的内心都有深入了解，并且对对方的内心也了解很多的前提下。

当你不知道对方需要什么的时候，就说明你们的心理距离很远。你执着于自己，那么无论过多久，你们心理上的距离也不会缩短。

执着于自己，就是不愿意去主动了解对方。越是自我执着的人，自我保护的意识也就越强。他们只关心如何保护自己，对对方并不感兴趣。

父母与子女的关系产生错位、人际关系变得不顺时，就需要面向镜子审视内心，思考一下自己的重心是在对方身上，还是在保护自己上。

人其实都是在引起麻烦的同时不断思考、成长的，但也有些人不经思索就觉得"啊，我懂了"。我们有可能误认为这样的人是聪慧的人，但正是这样的人在面对并不严重的问题时，也会觉得很严重。

容易患上抑郁症的人觉得严重的问题，可能一般人都会觉得不可思议：这个问题哪里严重了？

即便没有登过珠穆朗玛峰，没有去过撒哈拉沙漠，没有到过亚马孙河，也要去自己的心中探险，因为你会在那里找到宝藏。

对别人没有兴趣的人

总是觉得"受伤的总是我"的人，眼中看不到别人。

如果有父母说"我一直把孩子当狗养育，结果他是只猫"，那么说明他们养孩子失败了。这样的父母自己也很辛苦，比把猫当作猫养的父母要辛苦很多。

自恋的父母在育儿方面失败多是出于这个原因。其实只要认真观察就会发现自己的孩子是一只猫，但是他们并不去观察，而是自以为是地把孩子当作狗去养育。

父母希望孩子是一只狗。因为他们更喜欢狗，所以就认为"这孩子是一只狗"。这是父母愿望的外在投射。

那些邪教组织的成员其实看到的并不是邪教的"领导人"，他们是透过这个人看到自己内心的欲望。

烦恼的人可能一直以来都在朝着一个光辉的自我形象努力，但是他们的能量没有用在成为"真正的自己"上，他们没有看到"真正的自己"的能力。

　　以前有几位神经症患者经常来我的办公室，见不到我的时候，他们可以在里面一连坐上几小时。其中还有人会给我写信，然后交给办公室的工作人员。当办公室的工作人员要把信收入抽屉的时候，他们会告诉工作人员"你也可以看这封信"。工作人员说"这是给别人的信，我不能读"，但他们仍不停地要求工作人员读。

　　他们不知道对方根本不想读这封信，反而觉得"我让你读信是对你释放出特别的好意"。他们不明白，对于自己很重要的东西，别人可能会觉得无所谓。

　　一定让与自己毫无关系的人读自己的信，是把对方当作了对自己有兴趣的人。这说明他们的内心渴望获得别人的关注。

　　他们根据内心的需要，来看待周围的人。也就是说，他们觉得对方是想要读自己的信的人。

　　再比如，经常有人把自己的记事本放在我的办公室。当然，他们并不觉得把自己的这些东西放在别人的办公室，对别人来说是麻烦事。他们希望我对他们的记事本感兴趣，或者希望把我变成对他们的记事本感兴趣的人。

他们没有看到现实中的我，而是根据他们内心的需要来看待我，这就是他们内心需求的外在投射。

卡伦·霍妮曾在书中对这种外显心理过程进行了说明：**他们在需要得到别人赞美的时候，将别人"变成"自己的赞美者。**[①]

这样的人不知道自己做的事情会给别人添麻烦，无法理解人际关系中的距离感，不知道对方与自己事实上没有任何关系，无法理解在别人眼中他不过是一个陌生人。

总而言之，陷入特别烦恼状态的人忽略了人际关系中的距离感，完全看不到自己的烦恼以外的任何东西。

[①] 出自《我们内心的冲突》（*Our Inner Conflicts*），卡伦·霍妮著。

鉴别是否是真正的理解者

陷入严重烦恼状态的人，如果他希望自己被称赞，那么他会把周围的所有人看作自己的赞美者。

来到我的办公室，即便我一再拒绝，还执意要把自己的记事本留下的人，大多是这样的人。而且，他们并不是只把记事本留在了我这里，我曾经问过其他的精神科医生，他们也放到过那些医生那里。

我认识的一位精神科医生听我讲完记事本的事以后，很自然地嘟囔了一句："真是够麻烦的。"

陷入严重烦恼状态的人想把他们所有的倾诉对象都"变成"关心他们的人，总是将现实世界看作实现自己自恋的世界。

带着烦恼来找我的人没有一个看到真正的我，他们都是通过自己内心的需要来决定我的存在与否。但是我并不会按照他们预想的那样行动，因此他们会立马指责我，把对自己的厌恶投射到我身上。在他们的眼中，我成了一个应该被鄙视的人。

借用卡伦·霍妮的话来说，就是"我"应该被改变。

很多人都觉得对方简直岂有此理，然后想要改变对方，还执拗地逼迫对方。这类人，不是神经症患者，就是走在变成神经症患者的路上。

当你听一个人愤怒地诉说着对方多么"岂有此理"的时候，经常会发现，他愤怒仅仅是因为对方没有满足他的心理需求。被这个人谴责的人才应该内心感慨：真的是飞来横祸，让人难以应对！

感受对方想要的是什么

自我中心不具有交互性。以自我为中心的人，虽然能够独自生活，但是没办法实现自己的自体化，因此很难产生交互性。

所谓交互性，是指除自己以外还意识到别人的存在，别人也是一个个中心。以自我为中心的人总觉得只有自己是中心，不存在其他的中心。

他们不懂得他们看到的世界与别人看到的世界是不一样的。他们觉得冷，但是并不关心别人是否也冷。他们想要穿点什么，但是不会思考别人是不是也需要穿点什么。

他们不能理解自己只是众多人中的一员，所以总在自己找烦恼。

自我中心的反义词是共同体情感。

总是感慨"受伤的总是我"的人不知道自己在向对方寻求什么，更注意不到自己提出的要求有多无理，只会难过"我被拒绝了"。卡伦·霍妮认为，这种状况是心理上的不安所引起的，这种不自知就是自我中心。自我中心与心理投射有着很深的关系。

　　卡伦·霍妮的另一个观点是，总是感慨自己被伤害的人不明白自己在和对方的关系中所处的位置，也不懂得对方在与自己的关系中的位置。[1]

　　前面提到的让工作人员读信的这类人，从根本上没有理解自己对于对方而言处在什么位置。也就是说，他们不知道自己在关系中的位置，也不懂自己在社会中的位置，所以会对对方有过高期待。而对原本可以期待的人，他们反而不期待。

　　对方说"你这样的要求，我实在做不到"，觉得是很过分的要求，但是神经症患者却觉得理所当然。

　　别人听起来会觉得 "这种事情你去求你的朋友呀""这种事情你应该和你老婆商量"，神经症患者却把问题向路上遇到的人抛出。然而，对于那些原本可以给出回答、满足他们期待的父母、朋友、配偶或者恋人，他们反而不言语。

---

[1]　出自《神经症与人的成长》，卡伦·霍妮著。

不要接近那些渴望被安慰的"可怜人"

突然说"嘿，老师，去喝酒呀"的人，他们不理解人际关系中的距离感是怎么回事。他们总是向一些并不亲近的人倾诉，然后还期待那些人能够安慰他们"你太可怜了"，听到这样的安慰他们会很开心。这样的人都是情感特别饥渴的人，他们希望通过安慰的语言被治愈。

他们因为太想被别人同情，太想听到"你太可怜了"这样的话语，所以看不到自己与他人关系间的距离。

不能把握人际关系中距离感的人，总是盲目地想把别人卷入自己的世界。自恋的人也是如此。

自恋的人喜欢一个人的时候，就会固执地认为对方也喜欢自己。即便彼此间并不熟，他们也会单方面地觉得"你和我的关系应该是这样的"，这就是自恋的人。

自恋的人对初次见面的人脱口而出："嘿，吃了没？"然后强制把对方拉入亲密关系中。你可能会觉得"这怎么可能"，当你收到一个让自己陷入无尽的烦恼中的人的来信时就能够理解了。

陷入烦恼的人无法意识到对方不认可与他的关系，所以解决烦恼的基本原则之一就是要看清自己与对方的关系。认清这一事实的前提是需要注意到"对方的存在"。

关系指的一定是对方与自己的关系，一个人是决定不了一段关系的。如果想和对方产生联系，那就必须考虑到对方，从而获得摆脱自我中心的机会。

据说"烦恼的人都是以自我为中心的"，可以通过审视关系，来获得摆脱自我中心的机会。

自恋的人即便被表扬，也不会将这种表扬发展成自信。因为他们不关心对方，即便被一个优秀的人表达爱意，他们也不会变得自信。

你改变了，对方就会改变吗

烦恼的人总是抱怨那个人简直岂有此理，这个人一点真心都没有，那个人也一点都不真诚。他们始终没有意识到，其实那些人与他的烦恼没有任何关系。

也就是说，那些整天烦恼"受伤的总是我"的人不能接受周围的人不是他们的"父母"这件事。

内心有问题的人愿意与内心同样有问题的人亲近，他们彼此愿意产生关系，他们对彼此关系的看法不会让他们产生违和感。如果以心理健康的人的视角来看，就会产生"这种事和我没有什么关系"的违和感。

但是，对内心存在问题的人来讲，不论是疏远的关系还是亲近的关系，他们都不会感到不自在。所以从他们的视角看，这段关系依旧能够继续。对于心理健康的人来讲，可能关系还没到这步，可是内心存在问题的人并不会这样觉得。

内心有问题的人和心理健康的人的不同，在于他们在以往人生中获得的沟通体验的不同。在自然的沟通环境中成长起来的人不会突然与某个人亲近，他们做什么事都会花时间慢慢来。

我们总觉得，自己改变，别人也会改变。当然，可能一些情况下别人真的会改变，但多数情况下别人是不会改变的。

别人改不改变，有两种情况。

第一种：我们发生了改变，别人也确实发生了改变。

第二种：实际上别人并没有改变。

那为什么别人没有改变，我们却觉得"他变了"呢？那是因为我们不再将自己内心的情感向外投射，所以即便是同一个人、同一种状态，在我们看来，也会觉得不一样。

事实上，从一开始你就认为自己一直在观察那个人，但其实并没有。你只是将自己内心的情感投射在了对方身上。你所看到的那个人其实并不是真实的那个人，你只是通过他看到了自己心中的愿望和需要。

一直通过别人看到自己内心的人觉得"他变了"，是因为真正地看到了对方。看自己的内心和看真实的别人，那一定是

不一样的，但你之前却一直觉得是一样的。

这就是所谓的"当你发生变化时，别人也会发生变化"。有多少人明明看到的是自己的内心，却以为看到的是别人的内心。这些人都是把握不清人际关系距离感的人。

一个人不改变对于事物的固定看法，是因为对于这个人来说，这个事物需要是这样的。

不要因为抽象的烦恼而痛苦

一般来说，需要商讨的事情都是具体的。但是，对于处于烦恼中的人而言，他们烦恼的事情充满了混沌感。

原本是和初次见面的人聊天，最后竟变成了和"老朋友"聊天，把原本应该讲给老朋友的话讲给了第一次见面的人听。

向心理咨询师咨询需要付费，这时处于烦恼中的人会意识到自己与咨询师的关系是来访者与咨询师的关系。但是如果面对的是不需要付费的人，那么对他而言，人与人之间的距离就会消失。

处于烦恼中的人不懂得沟通，没有朋友，这和因为不懂得人际关系中的距离感而烦恼着的人有一定的共性。

烦恼着的人写信给别人，他们并不知道别人对这封信的观感。他们写信告诉我人们都躲避他们，但是他们并不想"为什么"。这就是自我执着的表现。

他们通过写信来诉苦，其实只是想听到"你很坚强"这样的回应。他们一心想要听到"你很坚强"这句话，因而看不到其他，在他们的世界里不存在别人。只要有人听他们倾诉，他们就很开心。如果不被倾听，他们就会开始怨恨父母，怨恨朋友，怨恨陌生人。

他们极力诉说自己的悲惨，试图传达"我如此痛苦"这个他们自以为的状态。这就是自我执着。

越是卖惨，形象就会越差，人们也就避之不及。平静地写信告诉我"大家都躲着我"的人，就是自我执着的人。

自我执着的人看不到别人的存在，更不了解别人。在他们的眼中，这个世界上除了自己，不存在别人。这一点与自恋的人是一样的，真实的别人对他们来说是不存在的。

有一位女性没有提前预约就来到我的办公室。她来的时候，恰逢我要去上课，当我提起马上要去上课的事时，她突然很生气："我都这么痛苦了，你怎么还要去上课？还有没有人性？"这位女性突然在我的办公室大喊起来，她就这样在自己的意识里把我变成了她的"母亲"。

如果母亲见到孩子生病，或许会立马放下手上的工作。但是我和她同样都是成年人，我不是她的"母亲"，我不会那么做。

因烦恼来咨询的人都有这样的共性：他们不会在意我生病不舒服；即便我说自己父母病危得马上去医院，他们也不在乎。但是当我说"我现在感冒了，可能会传染你，你觉得没问题吗"的时候，他们就会马上逃走。

接受自己的过去

执着于自己的人，也是缺失社会兴趣的人。他们不会去帮助别人，同时也不会觉得自己受到了帮助，不会产生"那个人帮了我大忙"的深刻感受。

对于烦恼着的人而言，他们成长的人际环境让他们缺乏对"帮助"与"被帮助"这种具有交互性的关系的了解。在他们的成长过程中，自己的情感从未被理解过。

乔治·温伯格曾说过，"没有人理解我的痛苦"这句话大概是全世界被重复最多的一句话。[①] 这句话同时表明，当一个人在寻求内心稳定时，让别人体会自己的心情是多么重要，不被

---

① 出自《自我创造的原则》（*Self Creation*），乔治·温伯格著。

理解又是一件多么痛苦的事情。

　　总是喊着"我没错""受伤的总是我"的这类自我执着型人，都是从小情感就没获得过理解的人。获得关注对他们的成长来说非常重要。弥补了这点，他们随时都可以重新出发。

总是退让的人

过分退让的人其实在心里比谁都更任性、更以自我为中心，但是他们自己却不知道。他们只能意识到"我已经这么忍让了"，所以他们在退让的同时才会产生强烈的不满。

总觉得"我没错"的人是没有意识到自身的自我中心性的人。有句话说，在利他主义正面形象的阴影下，巧妙地潜伏着强烈的自我中心性，[①] 确实如此！

为什么周围的人不能温和地对待你，那是因为你在无意识中对周围的人带有敌意。[②]

社会地位和经济方面都很好的女性与在这些方面不太好的

[①] 出自《爱的艺术》（*The Art of Loving*），埃里希·费洛姆著。

[②] 出自《安抚你的不安》（*Calm Your Nerves*），贝兰·沃尔夫著。

男性的婚姻中，女性如果觉得自己牺牲了一切，那最终他们的婚姻只会以离婚收场。①

波兰哲学家瓦迪斯瓦夫·塔塔尔凯维奇（Wladyslaw Tatarkiewicz）说："因为你做出了牺牲，所以你不会获得幸福。因为做出了牺牲，所以会失去全部。"

更准确地讲，为了让自己摆脱不安，即便做出了牺牲，也不会获得幸福。

这个世界上有多少人做出了牺牲之后感到幸福了？其实不做出牺牲原本是可以变得幸福的。

---

① 出自《夫妻关系的精神分析》（*Die Zweierbeziehung*），尤尔格·威利（Jürg Willi）著。

"以自我为中心"的考虑

　　"不想给人添麻烦"是日本人会有的一种非常强烈的意识，但有时这种意识产生的动机却值得思考。

　　如果出于对对方的爱而不想给对方添麻烦，人际关系会很顺畅。但是，**如果因为害怕被讨厌而不愿意给人添麻烦，或者是希望受到对方的青睐所以不想给对方添麻烦，"不想给人添麻烦"这种意识就成了人际关系中隐形的障碍。**

　　在某些情况下，你认为给别人添麻烦等于丧失自己对别人的价值，所以才不愿意给人添麻烦。怀揣这种思想，即使做出牺牲也不会被喜欢。

　　为什么会遇到挫折？因为没有发现真实的自己，"理想中的自我"与"真实的自我"差距过大。

实际上，利己主义倾向超出常人的人比一般人更幼稚，他们总因为一些无所谓的事而感到受伤。这种人虽然当时满面笑容地说着没事，但过后就会觉得非常不满。

这类人并不是不能接受真实的自己，而是没有发现真实的自己。真实的自己在无意识中恐惧被孤立。因为并没有注意到内心深处的自己，所以总觉得自己应该是某种样子。

比如，因为潜意识里有强烈的恐惧感，所以不能安眠。但是自己没有意识到原因所在，所以就很烦恼："应该睡得很好，可怎么睡不着呢？"当你意识到真实的自己时，就会明白，如果继续怀着这种心情，那还是会睡不着。

也就是说，"真实的自己"被不安导致的紧张所困扰。为什么总是被不安导致的紧张所困扰呢？因为必须认真工作等自我保护心理最终会让这个人变得毫无防备。自我保护的初衷变成自我压制的行为。因此，自信丧失得更加严重，自然会被紧张困扰。

这样的人执着于幻想，而不是正视真实的自己，因此时刻感到紧张。**他们总是想要证明自己是理想的自己，并且觉得必须要证明。但这只会证明，他们希望通过被别人喜欢使自己摆脱不安。**

真正成熟的人才会优先考虑别人，把自己的事情放在其次，这是很自然的。饱经挫折的人实际上比一般人更自私、任性、以自我为中心，但是还想要隐藏起这些，让自己扮演一个成熟的人。

这种自我压抑会表现在日常生活中，不开心、焦躁、易怒等都是它的外显表现。

过度放大别人的批评

妻子总是因一些无所谓的小事发牢骚，这种牢骚让丈夫非常不开心。因为丈夫觉得妻子的牢骚都是在针对自己，认为这些牢骚都是对自己的指责。

有些人总是把别人的牢骚等同于对自己不足的指责，但是却没有意识到自己真正的不足在哪里。这些不足存在于他们的无意识里。

特别是对"我赚钱养家"这种角色认同感很强的丈夫，总是把妻子的牢骚过度放大，觉得妻子在抱怨自己"赚不到钱"。

牢骚就是牢骚，不要把它们放大，在限定的范围内理解它们，能做到这点的只有内心健康的丈夫。不能把牢骚在限定的范围内加以理解的丈夫，表面觉得"我在养家糊口"，但是内心深处其实在嫉妒比他们赚得多的人。

总在和别人做比较，所以当妻子发牢骚时，丈夫就会觉得妻子是在拿自己和别人做比较。总而言之，就是无意识中想要比别人优越，但是这个愿望并没有实现。自己内心深处也知道这一点，所以将妻子的牢骚和自己的自卑感联系在一起加以解读。

妻子的牢骚引发了误解——"那个人比你强"，自卑的丈夫就这样自己伤害了自己。

一些容易受伤的人也是自我蔑视的人，他们会说："我拼了命地工作养家，你为什么还抱怨这抱怨那？"

卡伦·霍妮认为，自我蔑视的人是无防御力的，以致别人一句单纯的牢骚也会戳伤他们脆弱的内心。

别人偶然的一句话就可能形成巨大的力量，撞击他们的心灵。如果不能保持与别人的正常距离，那么别人一句不经意的话也会带有意想不到的杀伤力。不会把握人际交往中的距离感的人，对于别人的言行总是无防御力的。

这类人在社会生活中总是围着别人团团转，总是希望别人表扬他们"太厉害了"，希望经常被人感谢。他们虽然已经成了大人，但是内心还保留着孩童般以自我为中心的自恋心理。

如果周围的环境不以自己为中心，他们就感到不踏实，就像小孩子在吃饭的时候总是试图成为饭桌上的焦点一样。

这样一来，他们在自己所处的关系中总是寻求类似母子的关系。这不是正常的成年人之间的距离。

没有确立自我的大人，在社会生活中总是容易被周围人的言行所支配，总是赋予别人过高的重要性。换一种说法，就是这类人极易受到影响。

这种倾向过度发展就会成为被害妄想。即便日常生活中的一些琐碎矛盾，也会让他们感到愤怒，"为什么受伤的总是我"。

其实，并不是他们总受到伤害，只不过是他们进行了夸大。他们随意将别人的言行通过他们的被害意识进行解释。（这里所说的"随意"，是指在他们没有意识到的范围内，他们的愤怒影响了他们对对方话语的理解，也主导了他们的行为。）

大家都很痛苦

总觉得对方轻视自己，所以感到愤怒。

其实，对方并没有轻视你，是你自己觉得被轻视。对方的话没有要侮辱你的意思，但是你会觉得自己受到了奇耻大辱。

有人总觉得"受伤的总是我"，实际上并非受伤的总是他，大家其实都不容易。

对于那些总是说"受伤的总是我"的人而言，他们的世界不存在别人。他们的日常生活并没有与别人产生关联，他们的成长缺乏与别人的自然交流。

他们还没有理解"在与他人的相互关联中生活"，就长成了一个大人，所以他们内心还停留在幼儿时期，并没有成长为具有社会性的大人。

因为他们的世界不存在别人，所以他们也没有"大家都不容易"这样的认知，只会觉得"受伤的总是我"。这样的心理状态会导致，一旦他们被愤怒的情绪所支配，就很难摆脱。也可以说，容易被影响的人摆脱不掉影响。

　　我们总是说"整理心情"，但是容易被影响的人无法实现心情的整理，因为他们一直处于被别人影响着的状态。我们讲，从公司回到家要转换一下心情，但这类人做不到。

　　有些做父亲的，在公司遇到不开心的事情，回到家里面对家人也会表现得不开心。

　　甚至，还有一部分父亲，在公司心情不好，回家以后会把气撒在家人身上。

争执背后真正的课题

接下来，我们看一下一对夫妻的实例。妻子觉得"我没错"，丈夫觉得"我老婆简直岂有此理"。

这位比较神经质的妻子说："我和丈夫闹了矛盾，现在在家里就像分居一样。"她不愿意见到丈夫，无论是晚上还是早上，做好饭后她会喊一句"饭做好了，来吃吧"，然后一个人回到房间。丈夫每天早上一个人吃完饭，出门工作。

她和丈夫已经保持这样的状态一年以上了，也就是他们俩已经一年以上没有一起吃过饭了。因为每次两个人开口说话都会针锋相对地吵起来，所以她说："不说话，家里反而安静了。"

这对一沟通就吵架的夫妻，吵架并不是引发他们矛盾的源头。真正的问题，隐藏在他们吵架行为的背后。

美国精神病学医生哈里·斯塔克·沙利文（Harry Stack Sallivan）提出"情绪失调"（parataxic）这个词。情绪失调型的人际关系就是指扭曲他人的人际关系。[①] 只要一开口，就会因为对方的一言一行而吵架，其实争吵并不是问题所在。

情绪失调型的沟通，是指在表面沟通背后存在个人情绪问题，这就像面对喜欢的孩子，却别扭地选择把糖果送给讨厌的孩子一样。

有人因为恋人与异性说话而不开心，但是当面又不好意思说出来，然后就通过别的事情找碴儿。其实说出来就可以解决问题，但是他们不说，反而选择去感慨人生的糟糕。

妻子希望得到丈夫的疼爱却没有得到，这才是真正的问题。

妻子身体不舒服，却还在做饭，而丈夫却在和朋友们玩耍。妻子说"之前的我都忍下了，我也不喜欢夫妻吵架，所以在孩子面前十年都没吵过架。我一直觉得只要我忍着就好了"。

妻子觉得自己的隐忍是一种美德，然而并不是，这是她对自己的不真诚。她强迫自己觉得那是美德，其实内心深处会因此而烦躁。

当丈夫指责她"都是你不对"的时候，她会很迷茫："这

---

① 出自《人际关系的病理学》（*Principles of Intensive Psychotherapy*），弗瑞达·弗罗姆－瑞茨曼（Frieda Fromm–Reichmann）著。

么多年我到底算什么？"

然而，她也做不到放弃这种所谓的美德，直接向丈夫提出要求，所以用"我没错"来逃避现实。

不畏惧对立

妻子经常觉得自己对丈夫隐忍，因此感到抑郁。她说"我打心里不喜欢争执"，越是这样说，她就越难回到自己真实的状态。

她将自己缺乏沟通能力合理化为"我打心里不喜欢争执"。她不敢与人对立，即便违背自己的内心也要遵从别人的话。十年中，她一直违心地退让，然后将愤怒积压在心里。

美国有句谚语"夫妻每日一吵，远离医院烦恼"，意思就是夫妻之间把自己想要说的话说出来是非常重要的。

想说却不说，积聚在心里，有一天就会像火山一样爆发。如果不对外爆发，就会通过头疼等身体的不适间接爆发。

丹佛大学心理学教授、婚姻家庭研究所所长霍华德·麦克曼使用"建设性讨论"这个词，认为这是婚姻生活成功所需的最重要的一点。逃避问题、不愿讨论，导致夫妻之间的关系恶化，就像透明玻璃变成磨砂玻璃一样，彼此的关系不再敞亮。

霍华德·麦克曼认为，人们总觉得婚姻中出现的问题会随着时间的流逝自然得到解决，但现实与人们的期待恰恰相反，问题只会不断恶化。磨砂玻璃在不知不觉中会变成铁窗帘横亘在两人中间。

我们可以把夫妻之间出现矛盾看作是相互理解的机会，没有矛盾反而少了这种机会。

有些人在与人发生意见对立时，总是不表达自己的主张，而试图以自己的退让来解决。但是，当时的情绪会在事后仍然留在心中，然后在某个时候以另外一张面孔出现在两个人之间。

明确地表达"好"或"不好"

妻子不明白因为自己没有明确表达自己的想法，所以才不能与丈夫正常沟通，没有正常沟通加剧了不能清晰认识自己。

保护自己，就是保护自己的想法，而迎合别人是保护不了自己的。按照自己的想法明确地说出"好"或"不好"，而不是为了取悦于人总是说"好"。该表明自己想法的时候，一定要把自己的想法说出来。**勇敢表达自己的想法，才是爱自己、保护自己的行为。**

当面临选择的时候，一定要明确地说出"好"或"不好"，说出想法意味着为自己的感受负责。

妻子总是事后指责丈夫"总是不关心我"。其实比起事后指责，倒不如当场告诉对方"我需要你的关心"。

但是她从来不说，因为她觉得通过忍受对方的愤怒让对方怀有罪恶感，才更符合她内心怨恨的心情。她在隐忍的同时，也在悄悄地期待丈夫能够理解自己。更直白一些说，其实她是想让丈夫有罪恶感，"因为我已经忍耐到这个地步了"。

这样做会让她的内心感到轻松，也不需要她努力提高自己潜在的能力。**比起"发现更好的自己，成为更好的自己"，沉浸在被害者意识中，说着"受伤的总是我"会让她的内心更轻松。**

但是结果会与她期待的相反，她的丈夫会说"没有比我更好的丈夫了"。妻子对此完全不能接受。

丈夫说"没有比我更好的丈夫了，你应该多出去了解了解，我这样的有多难得"，丈夫想说的是"我没错"。

夫妻双方都觉得"我没错"，都在逃避，不敢面对真正的自己。

感到愤怒的时候也可能是机会

在妻子看来，丈夫从不试着去理解自己的心情。

这其实并不是她对丈夫的判断，而是她对自己的判断，只是她自己没有意识到。

丈夫也总是说"都是你的错"。妻子每当被指责"都是你的错"时，心里都会极不舒服。

两个人都固执地认为"我没错，都是你的错"，然后，有一天猛然发现"这个人真的无法原谅，以后和这个人也不会合得来"。

虽然两人之间之前从不存在离婚这个选项，但是关系却发展到了这样的境地。这就是所谓的"人际关系依赖症"，就像患酒精依赖症的人即便不喜欢酒也要不停地喝一样。人际关系依赖症，就是两人即便相互讨厌，也不离开对方。

其实两人并不是从一开始就合不来，只不过因为从不坦率地表达自己的心情，所以发展成合不来的关系。

刊载了霍华德·麦克曼教授思想的美国心理学杂志《今日心理学》（*Psychology Today*）在 1992 年 1 月、2 月的合刊中推出了婚姻特辑，其中有这样一条结论："争论"（conflict）是婚姻生活主要的沟通方式。

所以在婚姻中，每当自己的另一半生气或者自己感到愤怒的时候，要认为"这是一个沟通的机会"。理解"争吵是理解对方的机会，也是让对方理解我的机会"，保持这样的思想的前提是双方都已确立了自我。

相互隐藏"真实的自己"，即便想要解决矛盾，也是不可能的。怀揣着"受伤的总是我"的心态去审视对方，看到的永远都是扭曲的一面。这类情景下的真心话，都是戴着光鲜假面登场的。

知己四人足矣

其实，上述提到的这些人都从小生长在没办法吐露心声的环境中。

小时候孩子们之间的相处也存在残酷性。他们的坏心眼也是他们的心声，而且小时候完全是直来直往的。他们不像大人，总是因为想树立一个良好的形象，所以一直隐忍，直到爆发。

心声也分欲求不满的人的心声和满足现状的人的心声；可能出现在使坏主意的时候，也可能出现在真诚的时候。有爱的心声才称得上是真诚的心声。

虽然人与人之间的亲密关系很难培养，但是没有办法，对吐露心声来说，这是必需的条件。自然地接受别人，自然地向别人吐露自己的心声，才会获得高涨的情绪，才是心与心的沟通。

人在成年后会懂得如何吐露心声，不会因为期待太多而烦恼，希望得到无止境的爱的欲望会消失。

幸福不是一下子获得的，而是点点滴滴积累出来的。活不好今天的人，也没有未来。

我曾经收到过一个人的来信，信里说："能够理解我的人大概只有四个，我也不确定他们眼中的我是不是真实的我。"四个人其实已经足够；四个人以上，说明你要的不是知己，而是被众星捧月。**被人捧着和被人理解是两码事。**

继续来说信里的故事，当她在心里思考真实的自己有没有被爱过的时候，她立马得到的答案是"没有"：

"没有人了解真实的我。

"如果大家知道了真实的我，大概都会很失望吧！

"知道了真实的我，大概没有人愿意和我成为朋友吧！

"虽然道理我明白，头脑很清醒，但是以往的事情摆在那里，我还是很难释放真实的自己。"

写信的这个人觉得"真实的自己"就是心声中的自己，随时都可以展现真实的自己才是最理想的活法。她说："真实的我其实是特别争强好胜的性格，真的以这种性格在外面与人交往的话，肯定会被所有人讨厌。"

其实在真实的自己中包含着成长的需求，但是她觉得真实的自己只包含后退的欲求。

她从没遇到过激发出自己最好部分的人。

能够让关系更加密切的魔力语言

有时说真心话会伤害对方，其实并不是真心话本身有好坏之分，真心话的好坏由关系的远近决定。

吐露真心话的程度需要根据人际关系的远近而区分。如果做不到的话，就会伤害别人。**懂得人际关系中距离感的人，可以把真心话用在加深人际关系上。**

真心话不是对谁都可以说的。尽管如此，还是有人认为说真心话就是最好的展现自我的方式，是好事。忍耐可以是美德，但有的时候也不是，这是由相互关系决定的。

信任关系是与理解自己的人之间产生的。

如果真心想要炫耀一件事的话，炫耀的心理在信任关系中是不会被讨厌的。我们可以去分享觉得骄傲的故事，只要对聆听的那个人带着感谢的心情就好。但是在嫉妒成为主流的社会中，分享自己感到骄傲的事情很难，因为这会让对方不愉快。

"花太漂亮了，感谢您"，这样的话语可以增进关系。但如果对方不是一个愿意听真心话的人，真心话不会让这段关系得到发展。想通过真心话来加深关系的话，那么送花的人一定要是一个听得进真心话的人。

收到花的人真诚地说："花太美了，谢谢您。"

听得进真心话的人会说："这花就开在路边，是不是很漂亮？"

"是呀，很漂亮。"

"把花插上吧？我把它留在你这儿。"

"真的吗？那我就留下了。"

以上是能相互吐露心声的关系，此外也存在下面这种情况的对话。

"我在六本木（日本地名）买了蛋糕。"

"是吗？谢谢您。"

"要不要吃蛋糕？"

……双方都很拘谨。

结束以后双方都不禁感叹："啊，好累！"

第六章

通往幸福的近路

履行对自己的义务

　　有一位 80 多岁的独居老太太，人家问她借钱，她都会借。当然这些借出去的钱都是有去无回的。

　　老太太原本并不想借给这些人，所以把钱借出去之后总是咒骂这些人，骂得很难听，心里也怨恨这些人。

　　我们可能觉得，既然骂得这么难听，一开始就不要借给他们啊，但是老太太还是会借。

　　如果借给别人钱不影响她自己的生活那也还好，可是并非如此。

　　这位老太太经常被卷入类似的麻烦之中，根源其实在于她很孤单。虽然自己内心不情愿，可还是会借钱给别人。其实只要她意识到自己很孤单，就不会再这样了。

　　这里说的"不会再这样"，指的是意识到的话，就会减少被卷入麻烦之中的机会。

但是，如果不清楚自己这么做是因为无意识中的孤单感，那么麻烦会追随她到死。

她总是害怕被孤立，所以周围人说什么她就听什么。不管"跳坑"多少次，还在重复。

人们陷入麻烦，很多时候是无意识中的情感导致的。不断地被骗、失败，是因为在无意识中觉得做这些事是必要的。这么做是在满足自己意识不到的内心深处的欲求。

美国心理学家大卫·西伯里非常精辟地指出，某个行为是睿智还是愚蠢，只有比照结果的时候才能知道。①

比起做一些被别人认可的努力，努力做自己才更需要勇气，因为做被别人认可的努力在心理方面比努力做自己更轻松。但通过做自己才能获取生活的能量。

努力做一个被别人认可的人是非常消耗能量的，最终这种努力只会变成自己的负担。

对自己内在的生命力漠不关心的话，人是无法对自己所生存的世界做出贡献的，只会成为这个世界的负担。②有很多人都认真努力，但他们只是为了被别人认可，所以最终都只会成为别人的负担。

----

① 出自《找回你自己》（ *The Art of Selfishness* ），大卫·西伯里著。
② 出自《正念》（ *Mindfulness* ），艾伦·J.兰格著。

承认自己痛苦的理由

　　哈佛大学的艾伦·J.兰格教授做了一个关于离婚与痛苦的调查，随后她阐述了离婚之后一直痛苦的人和不觉得痛苦的人的不同。

　　离婚后一直觉得痛苦的人会把离婚的所有原因归结在对方身上。为什么呢？因为他们否认现实。

　　离婚后，有的人会思考"为什么就闹到了离婚的地步"。而也有完全不思考的人。思考"为什么离婚了"的人会承认，虽然对方有这样那样的缺点，但是自己也有缺点。通过思考"为什么离婚了"，人能够获得成长，就像竹节一样越来越向上。这个道理在其他问题上也同样适用。

　　当自己被恋人甩了，这时候有人会非常愤怒地单方面指责

206

恋人，当然也有人会思考"为什么被甩了"。思考"为什么被甩了"的人下一次会成功找到更合适的恋人；愤怒地单方面指责恋人的人，下一次的恋爱大概率也会失败，然后继续不满，再次愤怒地单方面指责新恋人。

不管是离婚还是失恋，单方面指责对方的人都不承认自己的缺点，也就是否认现实。而且这样的人不光是离婚、失恋的时候否认现实，在其他的情况下也常常否认现实。

不承认现实的人总有一天会吃到苦头，因为人不管情不情愿，都是生存在现实之中的。不承认自己生存的现实，那越活越痛苦也是理所当然的。所以，离婚以后把责任都推到对方身上的人会一直痛苦，也就不难理解了。

虽然会感到痛苦，但是人只有通过承认现实才能前进，然后才会遇到能把最好的自己激发出来的那个人。固执地不承认现实，反抗现实的话，活到生命的尽头也不会有现实感，也就只能变成那只嫌葡萄"酸"的狐狸。

承认葡萄是"甜"的，狐狸才能够成长。固执地坚持葡萄是"酸"的，狐狸在心理上是无法成长的，而且无论到什么时候，都不能摆脱对葡萄的执念。

现实站在你的一方

只有承认"那个葡萄是甜的，但是我摘不到"，才能够继续向前出发，开始新的人生，才是接受现实的人。

离婚后还坚持"我没错"，不断对现实进行否定，生活越来越痛苦也是理所当然的。这样的人不是因为离婚而痛苦，而是因为他们在本质上否定现实，所以内心才痛苦。

精神科医生贝兰·沃尔夫说过一句名言：现实才是后盾。**因为现实原本是伙伴，却被你当成了敌人，这才是痛苦的根源。**

被恋人甩了的时候思考一下"为什么被甩了"，这才是该有的接受现实的内心姿态。

忘记在哪里读到过一句话，大意是这样：人们因为自己的过错不能原谅对方。意思是说，某个人对对方犯下错误，对方是没有错的一方，但是这个人却指责对方。

即便在心里已经意识到对方并没有错，都是因为自己太过焦躁了，但是却不愿意承认。为了不承认，顽固地坚持"是他的错"，不去原谅原本无辜的对方。

如果自己被别人打了，那么任谁都会恨打人的人。但是随着时间流逝，也会原谅对方。

如果自己是受害者，那么随着时间流逝，就会原谅施害者。但是如果自己不是受害者，而是施害者，那就不一样了。时间一长，心静下来的时候，就会明白自己所做的事情，发现自己是施害者。

只因为当时各种事堆在一起，内心焦躁，所以向本不该对其发火的人发了火，直到静下来的时候才明白"那个时候让自己烦躁的不是他，而是另外一件事"。

举个例子，某个人因为夫妻关系不和睦，总是很烦躁，因此指责、刁难孩子的班主任。这就是攻击性的转嫁。

但是，他不会去承认，为了保护自己还要坚持"都是班主任的错，他教育方法有问题我才指责他的"。

原谅对方就意味着接受现实，承认自己是施害者。有的人无论如何都不能接受现实，然后固执地坚持"我没错"，不原谅对方，还要说"受伤的总是我"。

这类人的世界只会越来越狭隘。

从说"对不起""谢谢"开始

卡伦·霍妮提出"情感失明"（emotional blindness）的概念。比如，当别人给自己添麻烦的时候就会发怒，变得歇斯底里；但是当自己对对方做了同样的事情的时候，就不承认。

当采取过度保护自己的姿态时，就会强烈地否认现实，这也属于情感失明。

神经症倾向过高的人的自尊心会让理智无法工作。**一般来说，自我保护姿态比较强的人都是渴望得到别人认可的人。**

本来做错了事说句"对不起"就可以解决，但是坚决不道歉，坚称"我没错""不是我错了""是他错了"。原本是渴望得到别人的认可，结果却让周围的人都觉得头疼。原本是为了得到认可才坚称自己没错，结果却让周围的人都觉得"这个人有问题"，从而不被认可。

这种防卫姿态是由渴望被认可产生的，但最终却让人觉得很幼稚。

否认现实的人到最后都会变得孤独。越孤独就越固执，越固执就越孤独，陷入一种恶性循环中。到最后，甚至会觉得承认现实不如去死，承认现实成了非常痛苦的事情。

固执的人心里其实在狂喊"认可我""帮帮我"。固执到孤立无援并不是他所期待的状况，而恰恰与他所期待的相反。

固执的人在心里都是渴望与人亲近的，但是他们不懂得与人接触的方法。说句"对不起"就能得到认可，但是说"对不起"是他们过高的自尊心所不允许的。迈不过炙热的火焰就到达不了想去的地方。说句"对不起"，承认现实对他们来说，就像被火炙烤一样痛苦。

虽然他们知道变得固执会被疏远，但是还是在变得固执的道路上越走越远。这都是神经症患者过高的自尊心引起的，并不是骄傲。骄傲是在现实中的情感，但神经症患者过高的自尊心是否定现实的。

即便很清楚这么做会坠入地狱，但是仍无法让自己回头，怎么也说不出"对不起""谢谢"。虽然知道说出来自己就会收获幸福，但是仍然说不出口。

放下面子一切都会顺利

　　神经疗患者过高的自尊心让他们说不出"对不起""谢谢"。换一个更容易理解的说法，就是因为好面子。当他们不过度注重面子时，一切都会顺利起来。注重面子，其实就是不接受现实。

　　好面子反映出一个人不安的心理，注重面子的人觉得自己的价值受到了威胁。以一种不安的心理去解决问题，什么都不会顺利。想要通过好面子来解决麻烦，其实就是以一种不安的心理动机来解决麻烦。这样做可能符合自己的情感需求，但是问题并没有得到解决，反而越来越麻烦，自己的心情也不会舒畅。

　　心理状态不稳定的人在满足面子和幸福之间会选择满足面子。为了面子，即便各方面都看着不错，也会丢了幸福。

　　注重自己的面子与解决问题是两码事，怀揣着不安是不可能解决问题的。从结果而言，一定是问题得以解决才是最好的，所以要解决问题优先，而不是面子优先。

注重面子往往会把问题扩大化，人际关系势必也会出现问题。

美国某大学心理学教科书①中引用了心理学家罗杰斯的论述，其中有这样一段内容：我们能够做到自我实现的时候，是在对自己有信心的时候，是在不畏惧自我价值被剥夺的时候。

自我实现可以解决人生的诸多问题，然而如果人处在"必须"自我实现的时候，往往会很难做到自我实现。所谓的"畏惧自我价值被剥夺的时候"，就是死要面子的时候。

在鼓励中成长的人能够做到自我实现；相反，生活中总是接收"真实的我没有价值"这一破坏性信息的人，会因为惧怕自我价值被剥夺，而很难做到自我实现。

但是这才是真正的试炼。经过如烈火般炙烤的试炼，人才能够体会到活着的最深层的意义。

---

① 指的是劳伦斯·A. 普汶（Lawrence A.Pervin）的《人格心理学》（*Personality*）。

为了成就满足的人生

　　无法承认现实的人，直到生命的最后一刻都有无法忍耐的空虚。因为没有生活在现实之中，所以直到面对死亡，也无法掌控自己的内心。

　　总有些人无论如何也不承认自己的错误，坚持认为"我没错"。他们试图通过否认来保住面子，但是却因此丢掉了幸福。否认现实，自己觉得保住了面子，但在别人看来面子碎了满地，自己也丢掉了幸福。

　　争取幸福，就要学会丢掉面子，接受现实。

　　前文提到的艾伦·J.兰格教授的结论，离婚的一方不承认自己存在问题，认为离婚都是对方的错。这样的他们会一直痛苦下去，直到人生的最后，在痛苦的同时还会被空虚感所笼罩。

赘述一遍：人如果在满足面子与幸福之间选择了满足面子，那么就丢掉了幸福。

　　满足面子与幸福是不同的，这是要明白的人生重点。如果不能理解这一点的话，不论是个人还是国家都会犯错。

　　人大多在不满与不安之间选择不满。即便丈夫十分不合格，妻子也不愿意离婚，因为妻子对未来有太多不安。对丈夫再不满意也不离婚，就是因为惧怕不安而选择了不满。

　　即便再不满，也想避免不安。在成长与后退的分界点，人们大多选择了放弃成长。但是，人只有通过成长才能获得幸福。

坦然面对好恶的情感

现在正在烦恼的人们，试着问自己以下问题：为了讨好狡猾的人，我失去了多少东西？接着，思考一下这个：我本来很讨厌他，可是还要装作很喜欢他，我因此失去了什么？

现在，问自己：我认为喜欢的人，真的还是自己喜欢的人吗？

公司里有一位合得来的同事，你从公司辞职以后，意外地发现他让你觉得讨厌。辞职以后虽然有时间，但是并不想见到他。

所以这个时候，你开始明白，虽然曾经和他合得来，但是实际上你讨厌这个人。

随着时间的流逝，你会清晰地发现"原来我很讨厌他"。他逐渐从"不喜欢的人"变成"不想见的人"，最后变成"连脸都不想看到的人"。

但是在公司的时候，你会觉得"他是和我合得来的人"，为什么呢？那是因为你觉得"合得来"对你工作比较方便，或者因为你很孤单。因为孤单，所以想要一个关系比较好的人，所以欺骗自己的内心，把原本"不亲近的人"生生变成了"亲近的人"。

因为孤单，所以想找一个关系好的人，想有一个朋友。虽然觉得这个人很讨厌，但是因为"有这个人很方便"，所以你会觉得你喜欢这个人。这种自我欺骗对一个人内心的影响是不容小觑的。

不管是担心被人讨厌，还是觉得这个人对你有用，或者是因为孤单，把一个讨厌的人当作亲近的人，代价都是很大的。

就像罗洛·梅所说的那样，这样一定会让你丧失"一致性或者沟通能力"。除此之外，失去的东西还有很多——现在的你每天都不开心。

你害怕被那些狡猾的人讨厌，所以总是勉强自己，长此以往形成的心理让你失去了快乐的日子，清爽的早晨不见了，取而代之的是浑浑噩噩、心情沉重的早晨。

你想要讨好那些不真诚的人、傲慢的人、狡猾的人，因此失去了和本来亲近的人的快乐交谈，获得的是让你窒息的人际关系。因为害怕被卑鄙的人讨厌，你失去了什么呢？失去了那些轻松的交谈，得到的是沉默、压抑的人际关系。

重新获得成长的能量

逼着自己去讨好那些狡猾的人，你不知道自己因此失去了最珍贵的东西。

你失去了一个宝藏，却为丢了一个钱包在大吵大闹，悔恨不已。每次发生什么事你就会想到那个钱包："要是那个钱包还在该多好。"因为丢了一份工作而痛恨不已，沮丧失落，丧失重新找工作的勇气。因为失恋而苦恼，丧失活着的希望。

害怕被那些人品不好的人讨厌，而勉强自己迎合他们的人，在人生中失去的东西可不只是钱包、工作和爱情。为了迎合一群狡猾的人，丢掉珍贵的生命、有意义的人生，值得吗？

那些闷闷不乐烦恼着的人，比起失败，让他们更烦恼的是失败了的自己会不会获得很低的评价。他们因为"那个人会不会这么说我""这事一定让那个人不开心了""他是不是生气了"
而烦恼，烦恼自己没能给对方留下好印象。

那么对方是什么样的人呢？难道你活着就是为了让那些人
满意吗？为了让那些人喜欢你，勉强自己去拼命，难道这不会
影响你的健康吗？生病也无所谓吗？

问一问自己，是不是答案就呼之欲出了？根本没有必要勉
强自己去让对方喜欢，为了对方觉得自己不好而烦恼，这种压
力也会引发疾病。

为什么一定要让别人觉得你好呢？为什么那么害怕被讨厌
呢？如果认真思考的话，你就会找到自己的活法。不要一辈子
活着只为了博得别人的喜欢，**没有不能自我实现的自己，只有
内心不坚定的自己**。

这些问题的源头多数是"过往活着都是为了让父母满意""以
往真实的自己总是被否定"，在自我分析的过程中你会发现真
实的自己。

如卡伦·霍妮所说，神经症倾向强烈的人应该发现他们缺
乏为自己活着的能量。神经症患者有的能量并不是自我实现的
能量，而是执着于自我的能量；是后退的能量，而不是成长的

能量。[1]

　　自我实现的能量才是成长的能量。虽然爱是成长的原动力，但是勉强自己去迎合别人收获的不是爱，只是狭隘的私欲。

---

[1]　出自《神经症与人的成长》，卡伦·霍妮著。

不再勉强自己

当你缺少能量的时候，就会不愿意和社会接触。现在自称无欲无求的年轻人，以及躲在家里不愿出门的人，他们正是因为缺少能量，或者从小的成长环境缺乏自然的沟通才这样。

埃里希·弗洛姆所说的有恋母情结、自恋、向往死的人，都是缺少成长的能量的人。

比如，孩子在小的时候会喜欢黏着父母。如果一个人在小的时候没能满足这一点，长大后就会把原本应该向父母做的行为，放在恋人身上。恋爱中的双方都在说"爱我多一点，再多一点"。

讨厌接触社会，讨厌听到对自己不好的消息的人，总是浏览网上那些失实的信息，这样他们会更轻松；相反就会很不安。

通过在家啃老、胡搅蛮缠，获得内心一时的安稳，但是他们的未来却拓展不出来。

无法获得能量是因为他们没有体验过"被父母宠溺的小时候"，但是要因此每天烦恼不堪，颓废地度过余生吗？

改变虽然很痛苦，但是如果在"努力自我实现"和"烦恼一生"两个选项中选择一个，哪个更好呢？答案不言而喻。

简单来说，神经症患者无法为自己而活，都是为了让别人满意而活。他们人生的中心不在自己身上，而在别人那里。这导致他们身心失调，白天郁郁寡欢，晚上无法安眠。

想一想，这其实也是理所当然的。不为自己而活，没有出现身心失调那才奇怪。

每天把下面的话说给自己听：

自己的生命，和让那些狡猾的人满意，哪一个更重要？

自己的生命，和让那个人满意，哪一个更重要？

那个人早已经把我忘掉了，难道我生下来是为了让那个人满意的吗？

就因为那个人不满意，我就要顶着压力，还要折自己的寿吗？

太荒唐了！

后记

　　人的自我救赎不是通过他在社会上取得的成绩，而是通过内心的成熟以及沟通能力来实现的。

　　书中多次提到的"我没错""为什么受伤的总是我"这些话，其实本质上是一样的。"我没错"这种固执的态度，最终会被人讨厌，导致人际关系不顺。

　　世界上不是只有你一人不易。因为只关注自己，看不到别人的艰辛，所以沉浸在自己的悲伤中，感慨"受伤的总是我"。回顾痛苦的过程和结果，越发觉得"受伤的总是我"了。

　　在距今九十年以前的美国，有一个叫作赫伯特·N.卡松的幸运者写了本很有意思的书，我们可以把这本书称为"召唤好运的十三个智慧"。[①]作者说，所有事情的发生都是有原因的，牛顿在苹果从树上落下来的时候就知道"这一定是有理由的"。

---

① 出自《运气十三招》（*Thirteen Tips on Luck*），赫伯特·N.卡松（Hebert N. Casson）著。

除去战争和自然灾害的影响，在和平的年代、平凡的生活中，"总觉得自己被伤害"，那一定有让你感觉"被伤害"的理由，这正是这本书带我们去思考的。

一般来说，长时间处于烦恼中的人大都不清楚自己在社会上所处的位置。因为不清楚自己在人际关系中的位置，所以总是引起矛盾。这就是本书反复提到的，不能把握人际关系中的距离感。

埃里希·弗洛姆说过，没有被爱过的人希望所有人都爱他，这种对爱的迫切渴望会伴随这个人的一生。这句话也印证了，母爱的缺失会让孩子内心强烈渴望被爱。

长时间患有抑郁症的美国前总统林肯曾说，越是渴望让所有人满意，越会导致自己的力量衰退。[1] 只要自己下定决心去幸福，就能够幸福。[2] 这和本书反复强调的"想要讨好别人，就会削弱自己内心的力量"的观点不谋而合。

不去区分对象，一味地渴望被别人喜爱的人，周围总是容易聚集一些人品差的人。软弱的人会为了获得侮辱自己的人的满意而拼命努力，他们甚至不能发现对方在侮辱自己。

---

[1] 出自《激励成功：12 法则》(*Bringing Out the Best in People*)，艾伦·洛伊·麦金尼斯 (Alan Loy McGinnis) 著。

[2] 出自《乐观主义的力量》(*The Power of Optimism*)，艾伦·洛伊·麦金尼斯著。

下定决心让自己幸福才会幸福，因此我们最需要做到的是下决心让自己成为自己。

本书和我的上一本书《让我讨厌却又离不开的人》都获得了大坂温子女士的帮助。因此，我希望通过文字表达我的感谢之情，感谢她长期以来一直鼓励我围绕话题进行写作。